7 PATHS TO MANAGERIAL LEADERSHIP

Doing Well by Doing It Right

掌控团队

创设超高绩效团队的7条铁律

［美］弗瑞德·麦肯兹◎著　杨献军◎译

科学技术文献出版社
SCIENTIFIC AND TECHNICAL DOCUMENTATION PRESS

·北京·

图书在版编目（CIP）数据

掌控团队 / (美) 弗瑞德 · 麦肯兹（Fred Mackenzie）著；杨献军译 . — 北京 ：科学技术文献出版社，2021.4

书名原文：7 Paths to Managerial Leadership : Doing Well By Doing Right

ISBN 978–7–5189–6149–8

Ⅰ . ①掌… Ⅱ . ①弗… ②杨… Ⅲ . ①企业管理—组织管理学 Ⅳ . ① F272.9

中国版本图书馆 CIP 数据核字 (2020) 第 264540 号

著作权合同登记　图字：01–2019–6127

掌控团队

策划编辑：王黛君　李佳铌　责任编辑：吕海茹　责任校对：张吲哚　责任出版：张志平

出 版 者　科学技术文献出版社
地　　址　北京市复兴路 15 号　邮编 100038
编 务 部　(010) 58882938, 58882087 (传真)
发 行 部　(010) 58882868, 58882870 (传真)
邮 购 部　(010) 58882873
官方网址　www.stdp.com.cn
发 行 者　科学技术文献出版社发行　全国各地新华书店经销
印 刷 者　天津旭丰源印刷有限公司
版　　次　2021 年 4 月第 1 版　2021 年 4 月第 1 次印刷
开　　本　880 × 1230　1/32
字　　数　106 千
印　　张　7
书　　号　ISBN 978–7–5189–6149–8
定　　价　45.00 元

序

这本书是写给你的，因为你是管理者，负责监管他人的工作。目前已出版了许多优秀的管理专著，内容涉及战略规划与决策等方面的问题。另外各家出版社也一直在陆续推出颇有见地的领导力专著，阐述领导者要想赢得别人的信任必须具备的一些素质。本书探讨的是管理型领导力，也就是通过他人的积极努力出色完成工作任务的艺术。本书重点关注的是激励他人树立信心的行动，而非立场。书中讲述的七种途径，是从中层管理的角度阐释了南希·R. 李（Nancy R. Lee）与埃里奥特·杰奎斯（Elliott Jaques）的著作内涵。前者的有关著作是《管理型领导力实践》（*The Practice of Managerial Leadership*, 2007），后者的有关著作是《必要的团队：面向 21 世纪的有效管理团队与管理型领导力完整系统》（*Requisite*

Organization : A Total System for Effective Managerial Organization and Managerial Leadership for the 21st Century, 2006）。这本书深受上述两位学者的研究成果与理念的影响，也得益于我本人作为管理者、顾问、教师与咨询人员的职业经历。书中描述每种途径的案例均来自我作为管理者，担任各家企事业单位管理顾问超过 25 年的亲身经历。

本书的内容结构如下：第一章介绍中层管理者同直接下属之间的关系在团队中的重要意义，介绍了大多数中层管理者普遍体现出的四种管理风格；第二章阐述一些新方法与新程序，探讨书中所述的七种途径如何改进员工与管理者的工作状态；第三章阐述第一种途径——管理规划与任务分配（这是团队获得成功的基础），详细介绍任何工作的具体细节，具有哪些环节，哪些时间规定；第四章阐述第二种途径，探讨了定期召开有针对性高效会议所具有的重要意义；第五章阐述指明工作方向的问题，这是管理者为直接下属提供团队背景情况的机会；在第六章里，第四种途径具体展现出如何以建设性的积极方式表扬团队成员的工作；第七章列出的第五种途径探讨绩效考核中的各种注意事项；第八章列出的第六种途径剖析如何指导直接下属在本职工作中获得最佳发展结果；第九章探讨了第七种途径，即如何充分使管理者的作用不断得到提高。

另外，书中还配有若干附录，可以有效指导中层管理者的日常监管工作，例如，附录中描述了如何确立关键问责制，如何写出清晰的工作任务分配说明。附录 E 从大局着眼，进一步阐述了个人努力与团队的短期目标、长期目标之间的相互关系。

目 录

CONTENTS

第 3 章

途径 1：工作规划与任务分配

第 4 章

途径 2：召开团队会议

第 5 章

途径 3：明确工作方向

第 6 章

途径 4：给予建设性反馈

第 7 章

途径 5：绩效考核

第 8 章

途径 6：提供工作指导

第 9 章

途径 7：持续改进工作

第 1 章

—— 管理者与团队成员的关系 ——

你也许还记得自己首次担任管理职务时的情形：需要通过别人的努力来完成工作任务。你得到晋升的原因可能是你个人能力出色，圆满完成了工作。也许管理高层认为你具有不一般的同别人合作的“感觉”。但是管理其他员工并不仅仅要和他们相处融洽，还要能够断定谁能够承担工作，谁需要在具体工作上接受指导，可以放手由谁来独自完成一项工作，谁需要进一步提高自己的工作水平。所有的管理者均肩负着这一管理型领导的责任。

著名的团队管理专家埃里奥特·杰奎斯认为：“管理上的团队合作是促进所有机制的最有影响的领导力。在高效的团队合作中，主管与下属之间优势的相互影响达到了最高程度；工作方向明确清晰，团队成员之间能相互理解。价值观彼此相同，所有成员很有可能为实现共同珍惜的目标尽职尽责，付出最大努力。”

四种管理风格

管理型领导力要求在管理一个团队的同时，能够使直接下属发挥自身的应有作用，不断扩大自身影响力，取得不俗的成绩。其重点是让管理者充分发挥自己的潜能，同时也激励团队成员这样做。这样就会提高整个团队的工作效率。

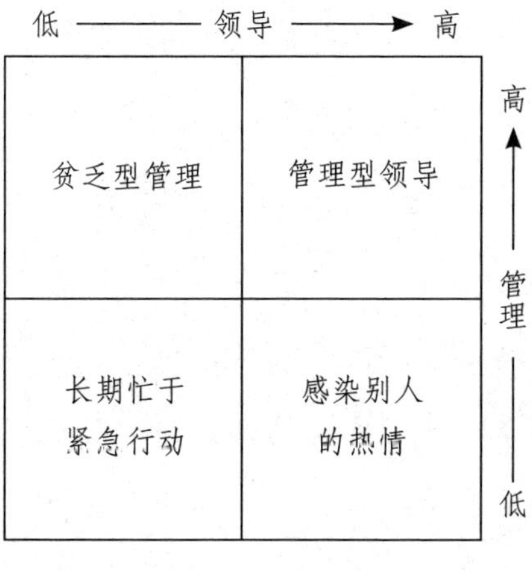

图 1—1　四种管理风格

大多数管理者普遍体现出四种管理风格（图 1-1）。体现出第一种管理风格（贫乏型管理）的管理者具有很高的管理技能，但是缺乏对员工的指导，无法使下属激励自己。他们往往对团队进行微观管理，追求完美的结果。面对反馈意见一般是消极的，几乎没有管理上的指导。

体现出第二种管理风格（具有感染别人的热情）的管理者态度乐观，富有号召力，与人相处非常融洽。他们具有很强的人际交往能力，下属也听从他们的指令，但是他们缺乏策划、团队、执行与评估技能。当一个人因为工作表现出色，没有经过必要的管理培训便被提拔到管理岗位上时，经常会出现这种情况。

体现出第三种管理风格（长期忙于紧急行动）的管理者很少具备，或者根本不具备领导技能或管理技能。他们担任管理职务的时间一般都不会很长。他们在工作日忙于解决紧急问题，制订应急计划，千方百计争取活下去。他们工作努力，但是几乎没有什么进展。

体现出第四种管理风格（管理型领导）的中层管理者既懂得管理，又能够积极理解下属员工，并使他们投身于团队集体目标的实现过程中。他们的口头禅是“参与、授权、允许行动、成长、明确工作方向与合作”。作为一个团队，他们能够完成或超额完成工作目标。所有的管理者均处在一定的领导状态与管理状态中。而你是哪种类型的管理或领导状态？

在分析探讨非常成功的企事业单位的关键要素时，高效的中层管理者与直接下属之间的关系是完成工作任务的一个极为显著的要素。各种发展战略、长期规划与企业目标都很重要，但是具体落实到操作层面的工作责任与任务才是涉及工作效率的关键因素。这种关系必须明确、真诚、值得信任、具有持续性。这是每个管理者工作中的重要环节。管理格局中的最重要关系就是中层管理者同直接下属之间的关系。管理者不仅要为自己的工作表现负责，而且还要对员工的工作结果与工作行为负责。

你以前遇到过这样的管理者吗？

“欢迎加入本公司。我是你的经理，我要按照我的要求给你安排工作，不要同我争论。有问题可以问同事，不要把问题带给我。我希望你自己解决问题。如果你表现好，我们可以继续相处。如果你的表现不符合我的要求，我可以找别人替代你。我说得够清楚吗？”

或者是这样：

“欢迎加入本公司。我是你的经理。我写了一份你和我共同承担的工作清单。把它读一遍，有什么问题就写下来。我们明天上午9点钟见面，把清单内容和完成日期最后确定下来。现在我带你去见一见你的同事，他们会帮助你了解有关情况。”

离职面谈研究结果表明，员工辞职的原因并非是他们不喜欢自己的工作单位，而是不喜欢管理者，不喜欢自己被监管的方式。针对管理者与下属员工的互动影响所做的盖洛普调查结果显示：“在坚定地认为管理者帮助他们树立业绩目标的员工当中，69% 的员工积极工作。当员工强烈否定这一点时，只有 8% 的员工会积极工作，而 53% 的员工则消极怠工。”（哈特与艾德金斯，2015）

建立高效的工作关系

本书内容以发展中层管理者与直接下属的高效工作关系的七种途径为基础。这七种掌握管理型领导力的途径是：

1. 工作规划与任务分配。
2. 召开团队会议。
3. 明确工作方向。
4. 给予建设性反馈。
5. 绩效考核。
6. 提供工作指导。
7. 持续改进工作。

这七种途径所包含的习惯建立在经过数十年评估与

调整的可靠原则基础上。简而言之，这些原则决定着：

- 需要完成的任务。
- 向团队成员反馈的情况。
- 对获得的工作展开的评估。

我在担任管理者时运用这些原则的经验表明：直接下属希望上述七种途径能够成为有效的工作习惯。这种积极态度与行为有助于建立一个积极向上、高效率的工作团队。

在对上述七种途径进行审视时，应该选择那些符合你思维特点的合适途径并将之付诸实施。开始实施后，还要重新审视一下剩余的途径，从中选出一两种来进行实验。你最后会发现，在建立一个值得骄傲的高效团队的过程中，所有这些措施对你均有帮助。成为一名有能力的管理型领导者会使工作不那么紧张忙碌，不需要经常加班，可以从整体上减轻压力。上述七种学习实践途径是按着通常的实际顺序来排列的。第一种学习实践途径——工作规划与任务分配，有可能是最详细的学习运用途径，这一途径也是所有管理系统的核心所在。这是一个极佳的起点。花费一些时间提高自己的管理水平，而不是思索你应该处在什么位置上，这是你不断获得成功的关键。

列夫·托尔斯泰曾经写道："每个人都想着改变世界，但是没有人想着改变自己。"本书会帮助作为管理者的你有效地改变自己。阅读本书时，手头应该准备好一支铅笔。

工作核查清单

- □ 双方的讨论建立在成人平等的基础上，而不是建立在家长—子女式关系的基础上。
- □ 通过坦诚与明晰的沟通建立信任。
- □ 实行管理型领导，避免管理独裁。
- □ 鼓励团队成员反馈情况。
- □ 记住这是一种双向工作关系。
- □ 努力建立一种连续的动态关系。

第 2 章

—— 掌控团队的七种途径 ——

上述七种学习实践途径可以有效对抗多年以来一直存在于管理者的潜意识中的错误看法，即只要明确分配工作任务，直接下属就会取得完全符合管理者期望的工作成绩。

团队结构

任何一个团队在成立之初均会有一个构想、目的与计划。团队结构就建立在这个计划基础上。团队结构中包括的一些工作岗位上的责任人直接向首席执行官或总裁汇报工作，另一些工作岗位上的员工则向其他高级职务人员汇报工作。有了计划之后，便是配备员工，将那些被视为具有相当工作能力的人员安排在各种岗位上。

人们认为，如果工作安排明确，又有人具备相应的必要能力，那么这些人就会按照要求完成工作，整个团队也会获得预期结果。

在现实生活中，这种看法并不总是正确的。管理者经常说：“从现有人员与资源的情况来看，我们并没有取得本应该取得的成果。”

人力过滤序列

在工作输出过程上有一种假定的序列（图 2-1）。而工作输出过程并不会自动按照该序列顺序依次进行，个人行为会对工作输出过程产生影响（图 2-2）。

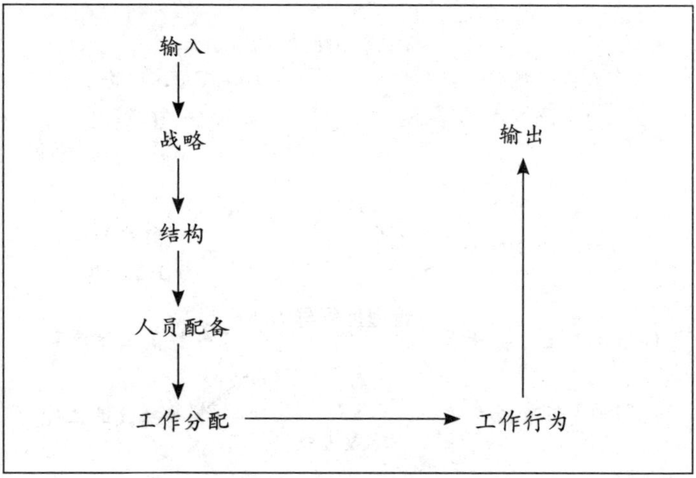

图 2–1　工作输出序列

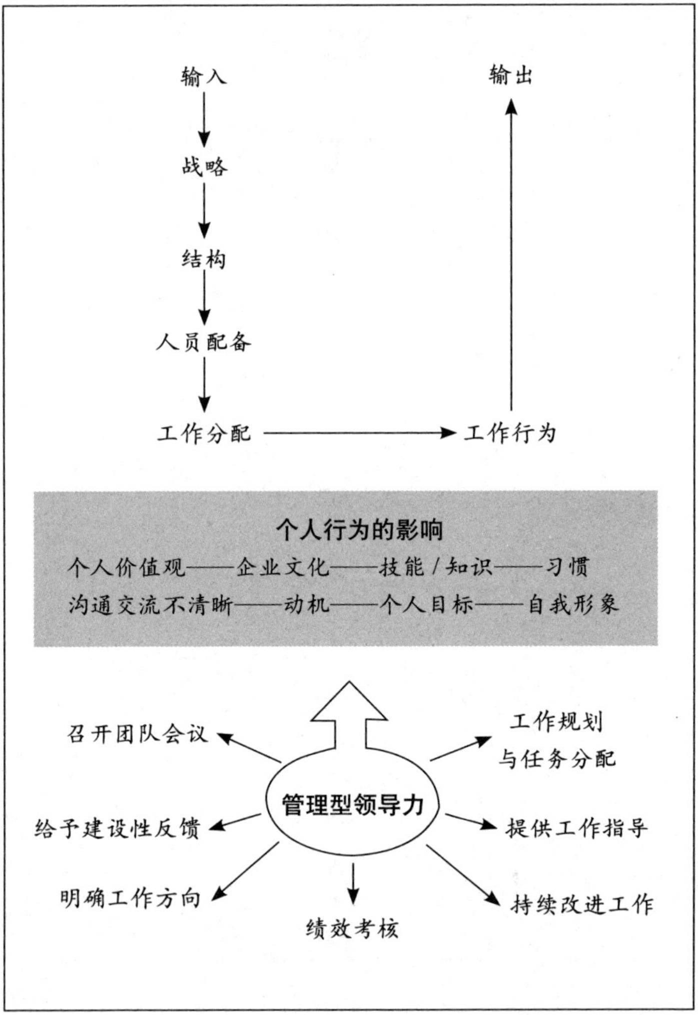

图 2–2　工作输出与个人影响

一个人对待既定目标的行为会受到可影响工作输出的过滤序列的制约。这个过滤序列被称为人力过滤序列（Human Forces Filter）。每一个员工均面临着不同的过滤序列，而影响过滤序列的因素主要包括：

- 逐渐形成的工作价值观。
- 团队文化。
- 个人同管理者的关系。
- 个人具备（或不具备）的技能与知识。
- 逐渐形成的习惯。
- 在任何时候拥有的个人目标。
- 对于分配任务的理解或不理解。
- 个人的实际动机。
- 自我形象。

员工的工作行为会受到各自独特“棱镜”的影响，常常产生不符合管理者期望的工作输出结果。本书阐述的一些方法则有助于缩小个人差异。书中阐述的各种有意义的新方法新措施，一旦经过实施并形成习惯，就会改进管理者与其直接下属的工作行为。采取这些措施可以：

- 改掉坏习惯，形成好习惯。
- 开展团队合作。
- 使直接下属参与思考本公司的事情。
- 明确必须完成的工作任务。
- 为成熟的（成人对成人）谈话创造条件。
- 促进个人成长。
- 通过适当的指导活动，提高个人素质。
- 确保当下的业绩效益。
- 利用富有建设性的积极反馈信息。

遵循上述七种实践途径并不是为了改变员工的个性、个人价值观或个人目标，其目的是为了促进直接下属的素质提高与个人发展，协助团队建设，维护一个具有激励作用的工作环境，取得突出成果。这就是管理型领导力所发挥的作用。

这种方法并不能在一夜之间就解决所有问题，中层管理者应将其作为一种培养管理型领导力的历程。它可以指导管理者在以下三个方面改进自己的工作：

1. 确定需要完成的每项工作。

2. 向团队成员及时提供反馈信息。

3. 评估任务完成的结果。

逐个尝试每种学习实践途径。你会发现，对与你本人与你的员工来说这是一种很有影响的、令人耳目一新的学习实践经历。

第 3 章

—— 途径 1：工作规划与任务分配 ——

管理者要对本团队必须做的工作进行规划，明确由谁来做，何时完成，如何充分运用现有资源。为此，需要认清哪些工作必须要做，如何履行管理者的职责，如何向团队成员传达有关情况。

工作规划

管理者完成工作任务的方式有三种：

1. 自己亲自完成任务。

2. 在直接下属的帮助下完成任务。

3. 将任务分配给直接下属。

在为直接下属确定任务时，管理者要具体说明以下四个方面的情况：1) 数量（quantity）；2) 质量（quality）；3) 完成时间（completion time）；4) 可用的资源（available resources），简称 QQTR。任务可以定义为“限时完成的事情”。管理者应该提供有关情况，鼓励团队成员参与任务分配过程，详细说明可能采取的措施，分析完成任务采用的各种方法。但是管理者要亲自做出工作规划的最终决定。在分配任务过程中，管理者应该使下属在情况发生变化时及时反馈有关信息。分配的任务也有可能不按照上述四个要求去执行。

现在正是你应该对自己在所在团队中规划工作的表现进行评估的时候。在下图你认为最能体现自己当前管理规划表现的自评刻度上画一个 X（图 3-1）。

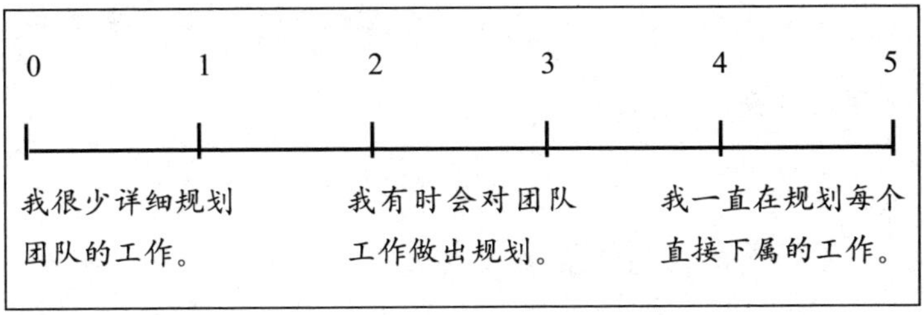

图 3–1　工作规划自评

应该由谁负责?

你经历过下面这种情况吗?

约翰：嘿，乔，那本新复印机装配流水线程序说明书中的安装任务落实得怎么样了?

乔：我已经把它交给泰德去办了，约翰。但是他一直在忙着做他的日常工作。我会询问一下，然后通知你。

约翰：嗯，你可能记得我在几周前向你提到过这件事。

老板说，他要在下个月召开的大会上向几位副总裁展示一下这项新流程。

乔：我想我们不会那么快就完成任务，约翰，因为有假期，还有其他事情。海伦一直在休产假，不知道她什么时候能回来上班。你知道，泰德承担了海伦的一部分工作。

约翰：我不需要解释，乔。老板非常重视这条装配流水线。如果我们不能投产，我就要倒霉了。你知道这意味着什么！

工作规划的第一步是明确了解管理职责。具体来说就是：

- 你要对什么负责？
- 你承担了哪些团队目标、功能目标和部门目标？
- 你拥有什么资源（例如，人员或资金）？

如果对上述内容缺乏清楚的了解，那么你所做的任何事情均有可能出现失误,而且最终遗憾地得不到认可。作为中层管理者，你可能还不习惯给成员下达拥有适当资源的、具体明确的工作目标，但是让团队成员了解这方面的情况对于你们获得成功至关重要。在一个工作周期开始时，必须要同你们的团队成员进行一两次坦率的谈话，让他们明确自己的工作责任。优秀的管理者具有明确的工作目的。

有一句德国谚语说："如果选择的路不对，奔跑起来又有何用呢？"这句谚语强调了掌握具体情况，拥有正确方向的重要性。

作为管理者，你有责任和团队完成一些除你本人可以亲自承担之外的其他工作。因此你需要团队来帮助你。确定"由谁来做什么"，这是你的工作职责。换句话说，工作规划过程包括确定必须完成什么工作，谁有能力完成哪些工作任务。

管理规划过程还包括有责任建立一个高效的工作团队，并考虑如下三个问题：

- 为完成新任务，谁需要具体指导？
- 谁需要进一步提高业务能力？
- 谁愿意承担更多责任？

工作核查清单

成功的管理者应该：

- ☐ 制定如何完成团队工作任务的规划。
- ☐ 为团队做出工作规划决策。
- ☐ 尽可能同直接下属探讨工作规划，选择方案要征求他们的意见。

行动方案

回顾一下完成的自评结果（图 3-1），列出一些你可能在今后六个月里实施的管理规划改进计划。此处且举几例：

- 列出你目前正在承担，却有可能全部（或者部分）分配给一个或更多直接下属的工作任务，最后列出指定的完成日期。
- 在某一天同所有直接下属会面，征求他们的意见，了解你制定的团队工作规划效果如何，包括听取一些改进建议。
- 在某一天回顾一下分配给所有直接下属的工作任务完成日期，制定好同每一位员工非正式探讨工作进展的时间表。

任务分配

任何岗位中均包含有两种工作。第一种是具体工作，第二种是一般的岗位责任。

有些企事业单位将这两种工作统一归纳在“岗位职责”的名下。列出重要的工作项目（每种类型 4~6 个），便可以将重点放在关键职责上，包括需要完成的最重要的工作，因此也包括最重要的绩效考核因素。关键职责，是指重要的具体任务以及重要的一般责任，在每个员工的岗位工作中常常占有 80% 的比率。

员工没有取得预期的工作成绩，原因常常是任务分配不明确。明确分配任务在管理系统中占有核心位置，在团队内部建立相互信任上起着至关重要的作用。

同管理规划一样，为自己在本单位任务分配上的表现测评打分（图 3-2）。

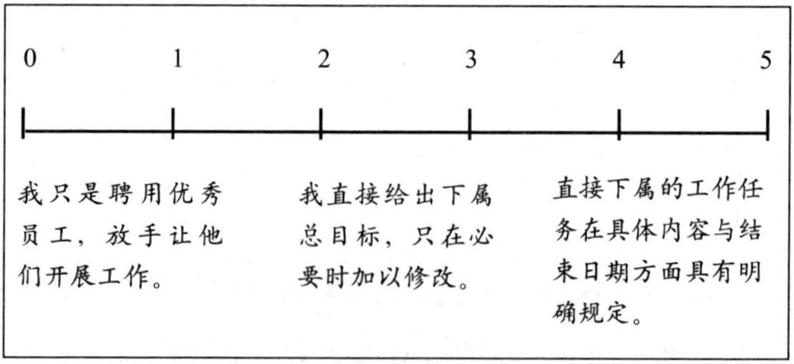

图 3–2　自评：任务分配

具体任务

具体任务就是在质量、数量与资源预先规定的时间范围内产生预期结果的工作。它包含三个部分：表示结束意义的动词、主题事务与完成日期（表 3-1）。

表 3–1　任务分配举例

表示结束意义的动词	主题事务	完成日期
完成	度假计划建议的修改	7 月 31 日
提交	招工计划建议	8 月 31 日
减少	10% 的可以避免的人员流动（同 20×× 年至 20×× 年平均数相比）	12 月 21 日
提高	15% 客户满意率（同去年相比）	1 月 2 日
取得	产品与服务项目利润至少 20 万美元	12 月 31 日
提供	总会计师在预算统筹中使用的最新预算信息	1 月 31 日（从月初开始）
举行	三次面向新销售人员的客户关系研讨会	7 月 1 日
建立	下班后进入大楼的安全程序	4 月 30 日
制定	搬迁费用草案	9 月 1 日
确定	位于俄亥俄州的四个可选的商店地址	1 月 1 日

制定任务分配方案时，名词语句前面的动词应该表示“结束”意义，而不是表示“活动”意义。例如，应该使用“取得”“消除”“确定”与“安排”这样的动词（参见附录 C 中的表示结束意义的动词列表）。表示活动的动词（例如“理解”“保证”“协助”“调查”“支持”“帮助”“拥护”）难以计量，不易确定完成时间，因此不适合用来编写任务分配方案。

如同在规划阶段一样，每一项分配的任务均有数量、质量、完成时间与可用资源这四个要素。数量与时间通常易于确定，但是质量与所需的资源却难以描述。质量经常包含在公司政策与正常期望当中（例如，公司平权法案对策选择程序会议，或者符合职业安全与健康要求的安全规则）。资源可能更加难以量化，通常只有管理者与直接下属心知肚明。但是必要时，资源可以具体体现为可用的资金、人力、接触掌握的信息等形式。任务分配过程中最重要的是具备所需的质量以及明确理解的可用资源。

情况会经常发生变化，因此需要对具体任务进行修改以适应新情况。在无法按规定完成，或者无法超额完成工作任务时，直接下属有责任及时向管理者汇报情况，以便采取相应的调整措施，这样就不会出现任何意外。员工可以向管理者提出修改任务的可行建议。但是由管理者最终决定应该做什么，包括在分配任务时需要做哪些调整。

一般责任

另外一种类型的工作任务属于“一般责任”。这些任务具有持续的性质。在此且举几例：

- 坚持每月同重要客户接触一次。
- 跟踪了解意大利在进口方面的立法情况。
- 随时了解两家顶尖竞争对手的新产品营销策略。

有时具体任务是一般责任的组成部分。运用上述一般责任的实例，具体任务可以表现为如下形式：

- 八月在芝加哥举行为期两天的重要客户年会。
- 拿到意大利有关进口的最新立法的翻译文本，在九月召开的营销会议上做一次概括发言。
- 在五月召开的营销会议上提交一份报告，介绍我们的两大竞争对手在推出新产品方面所采用的策略。

有关职位说明以及关键职责的详细探讨、比较情况，参见附录 A 与附录 B。

制定任务分配方案的另一方面是：一定要使每项任务符合管理者及其顶头上司的工作目标，这样便能够同整个团队的发展目标保持一致（附录 E 分四步勾画出使个人职责与任务分配服从团队整体目标的完整系统）。

将长期发展战略同个人关键职责联系在一起，可以使宏大的战略规划转变成重点突出的操作方案，让所有的员工都能够理解并感觉到附属整体团队目标、发展动力的具体的长期任务与短期任务。

行动方案

既然你已经掌握一些将任务以最佳方式分配给团队成员的指导原则，现在就要考虑制订一些改进计划。重新回顾一下你在任务分配方面所做的自评结果。研究显示，员工对你本人的管理型领导实践的“实际”评估结果比你的自评结果平均低 23%。

运用你最新掌握的明确分配任务的新技能，制定一些你希望在今后三个月内完成的工作任务，就像下面当中的一个实例体现出的那样：

- 安排一次在 1 月初同所有直接下属会面的活动，对工作分配上的 QQTR（数量、质量、完成时间与可用资源）问题做出解释。
- 2 月 1 日前，在分配所有任务时采用 QQTR 标准。

- 安排同每一位直接下属见面，谈论任务分配的进展情况以及在按 QQTR 要求完成工作的过程中会遇到什么障碍。研究可能需要更改的任何环节与选择方案。同下属的会面活动在 4 月 1 日前完成。

- 5 月 1 日前修改直接下属的任务分配书面材料，运用表示结束意义的动词，标明具体完成日期。

- 同所有直接下属一起检查他们在今后六个月承担的 4~6 个一般责任，确定从中有可能产生出哪些具体任务。

在日历上写明行动方案准备日期。到此为止，你已经完成了管理型领导活动的一个重要环节。

任务分配的重要性

在阐述下一个学习实践途径之前，让我们花点时间考虑将任务分配及其进展情况解释清楚对于管理者与直接下属所具有的重要意义。在这种情况下，经常需要具备特定的情景勇气 (situational courage)，即管理者与直接下属此时能够坦率地相互探讨工作问题，而不会产生负面结果。下面两种情况便可说明这一点。

两次会面的故事

去年，培训经理乔治接到了一个任务：到今年年末开发出面向销售人员的六个电子学习培训模块（这是一个为期 18 个月的开发项目）。九个月后的进展状态评估显示，这个开发项目进展正常。但是在上周同人力资源经理玛丽见面时，乔治表示在这个项目上遇到了一些困难，不会按照最初计划的那样完成任务。

第一次会面

乔治：电子模块项目，我们已经完成了两个，就要交付使用。还有两个模块已接近完成，到今年年末可如期交付使用。最后两个模块遇到了难题。同我们一直合作的那家供应商使用的是Lectora模块编写软件语言，工作非常出色。遗憾的是，他们最近宣布破产，所以无法完成最后那两个模块。

玛丽：你为什么没有早点把这件事告诉我呢？我刚刚对大家讲过六个模块的开发项目，还准备在下个月召开的年会上对外介绍这个项目。乔治，我本来很信任你，可是你让我失望了。现在放下你正在做的一切事情，把这个项目作为头等工作来抓，尽快恢复正常开发状态。

乔治：你一直忙于推出新的健康保险计划，所以我不想让你为这件事分心。我实际上原以为销售商会开发出全部六个模块，但现在证明，他们无法完成这个任务。我会尽最大努力完成任务。

总结

培训经理没有勇气将坏消息早一点告诉他的上级主管，生怕会造成不良后果。他希望能够设法完成最后两个模块。因此，他将责任全部推到了供应商身上。

人力资源经理关心的则是她在销售部门的个人声誉，而不是提出令人满意的解决方案。她没有勇气向培训经理询问可能采用的不同备用方案与新的完成日期。相反，讨论的重点是根据原有计划按时完成任务。

第二次会面

乔治：我们在电子销售模块开发项目上遇到了障碍，六个模块中有两个不能按照原计划在年末完成。供应商由于破产已经停业。但是我有一个想法，也许胜过原来的计划。

玛丽：接着说，我要听一听。

乔治：我们仍然要对外宣布推出面向销售人员的电子培训学习模块。你知道，六个模块中，有三个讲的是基本销售原则、基本概念、公司政策与程序。这三个模块已经成型，可在1月份上线。我们把它们称为第一阶段模块。第二阶段模块可在4月份上线。后三个模块包含着更加复杂的概念，要求具备更多的销售经验。

我已经联系过为供应商承担这个开发项目的那位技术人员了。她说在4月份完成最后三个模块没有任何问题。她是我们认识的唯一一位能够用Lector软件语言完成这些模块的研究人员。我们可用从供应商预算中节省下来的钱支付她应得的报酬，这样可能更省钱，因为她将成为一个独立的承包商。

像这样分两个阶段推出销售业务电子学习模块，还能使我们在第二阶段模块推出前尽早发现并纠正任何缺陷。

玛丽：我喜欢这个计划，就这么干吧。但是如果你觉得在下个月即将召开的销售年会上，我不应该宣布分两个阶段推出销售学习模块，就及时告诉我。

乔治：谢谢。我相信它会成功的。

总结

培训经理有勇气告诉他的主管现在的计划行不通，并提出另一个可能更好的计划。积极主动是需要勇气的。

人力资源经理也有勇气倾听并理解培训经理的建议，而不是指责对方、主要关心自己在销售业务上的声誉。积极寻找解决方案，而不是对遇到的情况做出被动反应，这同样需要勇气。

行动方案

管理者的行动方案：

- 一旦确定存在问题，需要同直接下属严肃地探讨问题，管理者应立即从办公桌后面走出来，安排同直接下属见面。这样做有利于开展成人之间的平等对话，而不是家长同子女式的对话。

- 倾听，倾听，再倾听。尽量了解对方的观点。

- 力争探讨解决方案，而不是进一步描述问题。在适当的时候，提一些开放型问题，比如，“你认为我们怎样才能完成这个项目？”

- 找到解决方案时，一定要共同分享解决措施。

- 定期（每周或每月一次）举行工作进展评估会议，

力争使新的计划发挥作用。

- 项目完成并上线后，表扬直接下属出色的工作表现。

直接下属的行动方案：

- 要求同管理者见面，确定问题。
- 至少提出一个可行的解决方案。
- 与管理者共同商定解决方案。
- 尽最大努力使它奏效。
- 如果出现了问题，无法按时完成任务，应该及时告知管理者。
- 准备举行后续探讨活动。

第 4 章

—— 途径 2：召开团队会议 ——

中层管理者需要经常同直接下属一起召开针对性强的高效会议，以便解决各种问题，探讨解决思路，评议工作重点，指明工作方向。这些以及其他具体情境下召开的会议向来要求进行双向交流沟通。召开小组会议，可以减少由同一位管理者负责管理的各项工作之间的隔阂倾向，促进跨部门工作的顺利展开。

如同在探讨途径 1 时所做的那样，在这里也要对自己同直接下属一起召开管理会议上的表现进行自评（图 4-1）。

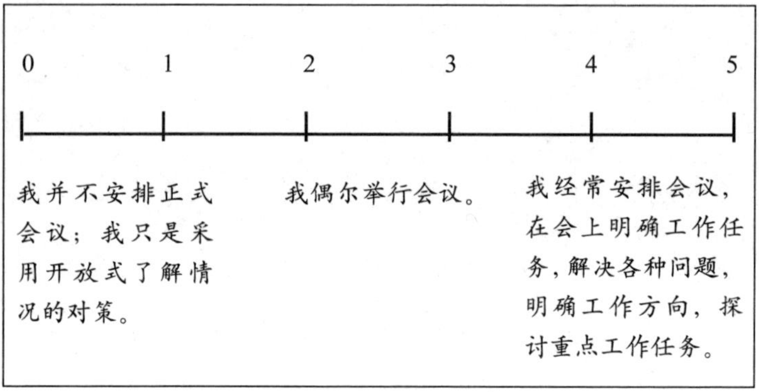

图 4–1　管理会议自评

下面是一次典型对话，反映出一位直接下属没有按照会议议程开展工作的情况。

詹妮弗：我们刚刚同经理开了一次很不错的会议，解决了我在销售工作上遇到的一个问题。

马特：不过这次会议对我没有帮助。当时我想了解同事们对于我的想法有何意见，但是没有时间了。现在我想自己来解决这个问题。顺便提一下，我看到软件供应商麦克·罗宾斯昨天从你的办公室走了出来。

詹妮弗：没错，我们正在研究麦克的一个方案，它有助于将我们每周的工作结果纳入新的企业管理解决方案系统中。

马特：哇哦！在你没有加入这个团队以前，麦克就已经为我们做过这样的事情。所花的费用超过了3万美元，但实施的方案却从来没有奏效过。趁你还没有同麦克进一步合作时，我很想同你合作解决我们遇到的各种问题，也许还能帮助你节省时间和预算资金。

詹妮弗：那太好了！此前我就感觉有些事情不太对劲。

每当管理者没有事先将会议目的讲清楚，没有发布概括重点的议事日程，没有要求将提出建议这一点也包括进去的时候，就会出现上述类型的交流情况。在这种情况下，会议就成为同那些多管闲事者进行的一场自由争论。这种会议往往用时过长，效率不是很高。在正常内容设置的会议上，上述场面就不会出现，因为每个人都会知道麦克的供应商出现了哪些问题，并提醒新接手工作的员工注意可能出现的困难。

会议内容与过程

任何一次会议均包括这两个环节：内容（讲什么）与过程（如何讲）。我们先来探讨管理会议的内容与可能涉及的话题。

在团队会议上，共享信息的情况一般有四种：1）通过团队工作评估；2）在出主意或解决问题时；3）在传达消息时；4）亲自会面。

团队工作评估会议

在过去，最常见的会议是周一上午召开的工作会议——对目前的状态以及下周需要做的事情进行评估。这种做法在制造业与零售业等领域非常流行。现在，对团队工作进行评估的概念仍然存在，但是会议类型与召开次数常常发生了变化。目前，会议重点是任务分配进展情况，阐明部门内部与跨部门工作上的各种问题，修改时间表。根据不同的工作种类，这些会议可以每隔一个月安排一次，而且当距离很远时召开远程电视会议。

集思广益解决问题的会议

有时可能需要让你的直接下属（或者其中一些人）同你一起探讨重大问题的解决方案，为即将承担的项目或者即将出现的问题策划应对方法。让直接下属亲自参与解决过程，这样做尤其重要。

参与就会投入；

投入就会有义务；

有义务就会有动力。

在出主意，设法解决难题方面，集思广益的做法很有成效。必须指出的是，在这种会议上，管理者要征求直接下属的意见，以便做出有效的决定。毕竟，此时的会议目标并不是达成共识。

传达消息的会议

重大事件时有发生，需要向员工们传达相关消息。重大事件可能是裁员、关闭生产线、削减整体预算支出、高层结构与人事重要变动、被另一家公司接管，或者是出现了可能会被消极看待的其他情况。

在谣言开始出现之前，最好召开全体员工会议，尽可能及时准确地将事实与答案解释清楚。也可以向有关人员下发来自高层的书面公告。但是在发生团队危机的时候，只要信任关系有助于维护员工士气与积极性，上述做法就不能替代管理者与直接下属之间的个人交流活动。这类事件如果处理不当，就会导致工作时间损失，破坏性谣言四起，有时还会失去重要的人才。

单独会面

并非所有的会议都要开成小组会议。管理者常常需要同一位直接下属研究任务分配的事情。在分配新任务，而现有任务的四个要素中有一个难以满足（例如，完成时间难以保证），或者预期结果有变时，就可以单独同下属商谈工作任务。

现在让我们探究一下会议过程。在这方面如果遵循一些原则，便能够节省很多时间、精力与资源。

多少会议算是太多?

在下面这个公司中，开会已经成为企业文化中不可或缺的一部分，人们根本没有时间坐下来与一位同事探讨即将出现的重要问题。

海伦：喂，乔，我想跟你研究一下我们部门在最近的跨部门收购项目上如何发挥作用。你什么时候方便?

乔：我很想同你在这方面开展合作，海伦。可是我整个星期都忙于开会，星期六我要动身去参观墨西哥的一家工厂。你知道，我是六个不同委员会的会员，我一回来，他们就都要开会听取季度报告。所以我只有到下个月才有时间。不好意思啊。

海伦：我能理解，乔。但是这对于我们部门能和最新收购的公司进行平稳地整合具有重要的意义。到下个月再讨论就来不及了。由此看来，我只能自己处理这件事情了。我会将我的建议传给你。祝你旅途愉快。

一个善于开会的成熟团队，应该能够在一个小时或更短的时间里召开一次很有效果的会议。怎样才能召开一次很有效果的会议呢？下面列出了一些成功管理会议上运用的行之有效的技巧。你可以将自己运用的技巧添加在这个清单上：

- 并非所有的直接下属都需要参加会议。应该有所选择，让那些没有参加会议的员工继续做自己的工作。但是会后要向他们简要传达会议内容，这样他们就不会认为自己受到忽略。

- 会前发出简要议程，这样人们便可以心中有数，有关情况带到会议上去。讲清楚是什么类型的会议（探讨工作状态、内容设定、解决问题等等）。在议程中要写清会议开始与结束的时间。

- 遵守时间。无论人员是否到齐，准时开会。他们很快就明白你所说的开始时间是什么意思。另外，让团队其余的人等待一两个拖拖拉拉的人，这纯属多余之举，而且还会延长开会的时间。

- 按时结束会议，无论事情是否全部处理完毕。每个人都会很快适应这样的做法，并在以后的会议中努力把事情处理完毕。

时间管理

在总部设于纽约市的一家大型公司里，正在召开一次高级会议，没有结束的迹象。时间是下午五点钟。有位副总裁起身要离开会议室。

总裁：你要去哪里，詹妮弗？我们还没有开完会。

副总裁：约翰，我们坐在这里已经有三个小时了，还没有开完会。我要赶火车，这样到吃晚饭的时候我就能和家里人在一起了。这个时候我没有什么可以补充的了。

上面这段对话结束了会议。公司总裁当时感到非常不安，但是他也承认有所收获。

- 指派一个人在会议室里计时，让团队成员知道“我们已经开了30分钟的会议，可是只处理完议事日程上的第一项”，或者“现在只剩下10分钟了，我们应该开始做一些总结了”。

- 在会议室里准备好一个电脑投影仪、一张挂图、一块白板，使每个人都能够看到显示出的相同内容（选择方案、结论，或者今后要采取的步骤）。否则，与会人员最后便要带着自己的笔记离开会场，他们记的内容肯定不一样。管理者可以指派一位员工在会议室里担任记录员。

- 尽可能在墙上挂一个钟表，让所有的人都能看见。

- 上午11点或下午4点开始开会，这样事情就会以惊人的速度得到解决。

- 开会时禁止使用个人电子产品。

- 在决定开会前，考虑一下电视电话会议是否也能取得同样效果。有时电视或电话会议比现场会议节省时间（现场会议通常会涉及有关数据、某人的短暂发言以及会议预期结果等问题）。

- 尽可能由管理者向所有的直接下属概要介绍会议内容，讲明解决了什么问题，还有哪些问题没有得到解决，商议好了什么行动方案，包括时间，以及下次开会的地点。这样做也许显得多余，但也是一种学习方式。以后的团队会议会从这种“全面贯通”的做法中受益。

- 在会议开到近一半时，“休会”两分钟，宣布利用“暂停”时间研究会议的进展情况。我们是否偏离了大会主题？大家是否如期参加了会议？我们会准时开完会吗？我们是否应该将一个话题留到下次讨论？这样的短暂休会时间有助于与会人员重新将注意力集中在会议宗旨与会议日程上去。

- 有时为了提高效率，应该将两种类型的会议放在一起开。如果两种会议特点分明，这样做就能够奏效。例如，在两小时内，先召开解决问题的会议，然后召开确定工作内容的会议（或者顺序相反），这样做比较有利。在两个会议之间休息片刻，这样有助于改变精神状态。

- 要让团队成员认识到会议的成本。我曾经用过一台小型机器，将与会人员的薪金输入后，它就像出租车计价器一样运行起来，显示出正在召开的会议成本。当成本已经涨到数千美元时，就会对会议的长度产生影响。如今，只要运用一些软件将成本数字显示在屏幕上，便可轻松提醒人们注意会议成本。开会是要花钱的，开长会更是在浪费钱。

将团队中的每次会议减少 30 分钟，一年下来会节省大量资源。计算结果令人印象深刻。18 世纪的政治家切斯特菲尔德勋爵（Lord Chesterfield）曾经写道：“慎用每一分钟，这样每个小时都会运用得恰到好处。”不仅如此，研究表明，当会议利用时间的效率变得更高时，开会的效果也更好，可以激励直接下属参加会议，提出有价值的看法。运用本章提出的各种建议，管理者可以更加有效地做出最后决定。就像亨利·戴维·梭罗 (Henry David Thoreau) 说的：“仅仅是忙碌还不够，蚂蚁也在忙碌，关键还要看我们在忙什么。”

在会后找个合适的时间想一想你要解决哪些事情，实际上在内容与过程两个方面究竟解决了哪些事情。审视一下此处列出的规划前、规划中以及规划后的各种建议。提高会议效率是一个持续进行的过程。要制订计划，争取下一次做得更好。

工作核查清单

成功的管理者会采取如下措施：

- [ ] 经常亲自同直接下属成员会面。
- [ ] 在开会时向直接下属了解团队情况。
- [ ] 利用开会时了解到的有关情况做出决策。
- [ ] 不寻求达成共识，但是做出的决策应该使直接下属觉得可以执行。
- [ ] 制定会议议程，使会议重点突出，一定要分配并努力完成后续工作任务。

行动方案

为了提高管理会议的效果，现在应该制定一些行动方案。根据自己了解到的情况，列出在今后几个月里开会时要做的一些事情。下面且举几例：

在下次同直接下属开会前，我要：

- 决定谁应该参加会议。
- 提前发出会议议程。
- 讲清楚召开什么类型的会议。
- 交代清楚会议开始与结束的时间。

在下次同直接下属开会时，我要：

- 使用挂图或白板，把问题讲清楚。

- 让每个人都参与进来。
- 准时开会，不延长开会时间。
- 禁止使用手机或发送电子邮件。

在下次同直接下属开完会后，我要：

- 公开总结哪些问题得到了解决，哪些问题还没有解决。
- 征求下属意见，进一步提高开会效果。
- 尽可能确定之后一次会议的日期、开会时间、会议类型、会议宗旨和议事日程。
- 询问哪些问题可以在下次会议上进行讨论。

第 5 章

—— 途径 3：明确工作方向 ——

中层管理者要经常为直接下属指明工作内容。员工们应该使自己的工作与主管经理的工作以及整个团队的发展等大方向协调一致。同样重要的是，他们也要使自己的工作与同事的工作相互协调。

根据你对直接下属揭示工作内容方面的表现，给自己评估打分（图 5-1）：

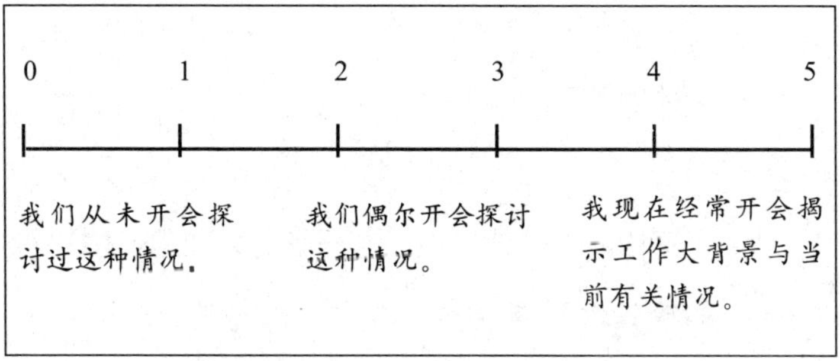

图 5–1　自我评估：指明工作内容

中层管理者需要经常指明工作的背景信息，使直接下属能够做出明智决定，与同事们开展有效合作，而不必特意去找主管经理询问有关情况。为直接下属清楚地指明工作内容，可以提高他们配合团队其他工作来完成本职工作的能力，从而为管理者，也为自己节省时间。

这方面的信息共享有三种类型。管理者需要让直接下属能够：

1. 了解管理者的目标和问题，以便使得自己的工作符合团队的整体工作要求。

2. 拥有全局观，能够理解整个团队正在处理的有关其他问题。

3. 了解团队中其他成员的工作任务，使他们能够有的放矢地开展合作，减少隔阂，避免出现互不知情的局面。

关注全局

下面举例说明如何揭示工作方向的会议。单位经理朱莉亚正在通过三种信息分享的类型为她的团队设定工作内容：

朱莉亚：你会记得，我在电子邮件中概述了我们的会议议程。我专门留出时间讨论了我们的团队目标，还有我在完成目标上遇到的和关心的问题。看到我们作为一个整体都在努力做什么，看到你们每个人对团队的整体工作目标做出贡献，这会有所帮助的。与此相关的是，我今天早上了解到，我们在新的高速复印机生产线上的预算继续超标。有人提醒我，这条新的生产线应该对明年的公司利润有很大贡献，所以我们必须降低成本。汉克，库存管理情况怎么样？

汉克：还好，朱莉亚，我们一直在集中精力降低新生产线的原材料库存，而且似乎收到了成效。现在库存大约是第一次开工时的一半。这对我们有利，因为我们没有存储大量的现有零配件，特别是乔治告诉过我，可能会有一些零配件需要改动。当然，这给我们留出了更多空间。我们还与其他一些零配件供应商建立了良好关系，以防我们的一个或多个主要供应商无法按时交货，或者他们的质量不符合我们的要求时，我们可以有其他选择。由于这台复印机的生产一直很不稳定，我不知道现在应该再减少多少存货。上个月，生产线关闭了一段时间。但现在我听到有人议论说，因为需求激增应该加班生产。

朱莉亚：谢谢，汉克。看来你得和乔治经常保持联系，直到事情解决为止。正像你指出的那样，尽可能降低材料库存能够为公司节省大量资金。现在，让我们听听乔治怎么说。

乔治：如果可以的话，我想继续讨论新复印机生产线的问题，朱莉亚。其他装配线都比较成熟，且运行良好。汉克和我一直在研究如何稳妥地降低库存量。这不应该是个问题，因为需求稳定，这里可以预测到的。出于某种原因，到处都是订购这种新复印机的销售部门订单。有时我们的生产跟不上订单需求。

我们存储了一些零部件和复印机成品，但是随着产品定制数量和不断修改的要求越来越多，库存过多是一个亏本的做法。每当接到大订单而交货期又短的时候，我们就要加班生产。这需要与常规生产线上的员工加班进行比较。现在，我们想方设法希望能在这种情况出现时尽量做到准时送货出门。我已经和主调度克里斯谈过了，但是他也不知道如何在这个时候满足客户需求。

朱莉亚：好的，乔治。我们希望客户需求能很快稳定下来。随着生产线的成熟，我们可以做出明智的决定，是否进行二次换班。我们下周和克里斯见面，看看能否改进目前的状况。汤姆，我们与三家货运公司的合同将在两个月内续签，我想请你谈谈合同中应该做哪些修改。

汤姆：朱莉亚，听完汉克和乔治的话，有助于我理解为什么我们的货运情况变得如此难以预知。顺便说一句，我们与三家货运公司签订的合同不包括任何特殊货运条款，例如隔夜交货，但他们一直向我们收取这方面的高额费用。从他们的角度来看，这是有意义的，因为他们必须在短时间内另外再找车辆和司机。如果这种情况持续下去，我们会希望拥有自己的运输系统。但这会让我们重新恢复几年前我们就已经放弃的卡车运输业务。

朱莉亚：汤姆，你说得对。在我们和货运公司商谈之前，乔治可能有一些想法。两周后同他核实一下，看看情况如何。你和我应该谈谈合同的事情。

你可能已经听说下星期四这里要召开董事会议，且在周四下午他们会去参观复印机装配区和ATM装配区。

所以，如果你看到一些人穿着正装在你周围走动，就微笑着回答他们可能提出的任何问题。一定要多准备几副安全眼镜。

这种类型的工作内容沟通会议将管理者、高级管理层以及其他员工的问题和顾虑告知给每个直接下属。有时，管理者的上级主管也来参加会议，这样做便能使上级和下属都能有所了解。在上述案例中，她描述了本部门、职能部门或业务部门面临的一些主要问题，并了解到较低级别管理层面临的问题和挑战。工作内容设置可以成为定期管理会议的一个专项内容，或者为此专门召开一个会议。

有时，在管理者与其中一个直接下属之间明确工作内容是适当的。这时管理者向直接下属揭示有关工作情况，讲述他按时完成任务如何有助于协调团队中正在展开的其他工作，向他说明管理者正在为整个团队寻求的更大效益。

工作核查清单

成功的管理者能做到：

- ☐ 定期为员工指明工作背景和方向。
- ☐ 让员工了解工作大局。
- ☐ 让直接下属了解管理者的问题和顾虑。
- ☐ 让直接下属了解其他人的工作。
- ☐ 减少本部门以及各部门之间的隔阂。

行动方案

列出一些你想实施的行动计划。下面举例：

- 安排一个专门揭示工作背景情况的会议，并邀请你的上级主管参加。
- 提前制定本次会议的指导方针与议程。
- 一旦开始正式实施，可以将定期会议的一部分时间留出，专门揭示工作背景情况。
- 从团队中征求关于这种活动益处的反馈意见，邀请员工提出建议。

第6章

—— 途径4：给予建设性反馈 ——

这可能是当今企事业单位面临的最大难题：“我做得怎么样？”这个问题可以解释为对个人的努力工作与取得的成果缺乏反馈。每个人对于自己的工作表现均有一定看法（有时有点自我夸大），但是来自关键人物的反馈意见，比如个人的直接上级主管，会让人对同一现实产生不同的看法。从老板那里听到反馈意见总是很重要的。毕竟，你的上级主管对你在公司的发展具有一定的控制权，包括你现在和将来的工作报酬。

积极肯定是激励员工的四大因素之一，另外三个激励因素是成就、成长与责任。应该得到及时的积极反馈是一种让员工知道自己很重要并且值得重视的简便方式。这有助于树立良好的自我形象。应该记住，在工作周内员工用在工作上的时间平均占到他们睡眠以外时间的50% 以上。

给予积极和建设性的反馈

下面这段对话听起来熟悉吗？

考特尼：嗨，苏珊……你和朱莉亚的会面怎么样？

苏珊：很好，我想。我们商定了下一年预算提案的新时间表，还有同接替乔治的人面谈的截止日期。真是很令人兴奋的事情！不过，我借此机会问了她对于我六个多月以来的工作表现有何看法。

考特尼：你真勇敢！她说了些什么？

苏珊：我想这让她大吃一惊。她沉默了片刻，然后说我做得很好，我需要学习一些新东西才能完全发挥作用。我已经知道了。

考特尼：你得到你想要的答案了吗？

苏珊：实际上没有。“做得好”对我没什么作用。我希望经理能够讲一讲我具体在哪些方面做得好，还有我需要改进的地方以及改进的方法。

考特尼：好吧，在这些方面不要对她期望太高。她不是那种人。

直接下属需要知道哪些方面自己做得好，哪些方面需要改进。管理者有责任定期让他们了解自己的表现。根据具体情况，反馈可以是表扬，也可以是纠错。应该经常及时地给予准确具体的反馈。

正如我们在处理其他问题时所做的那样，评估一下自己在向直接下属提供反馈方面的表现（图 6-1）。

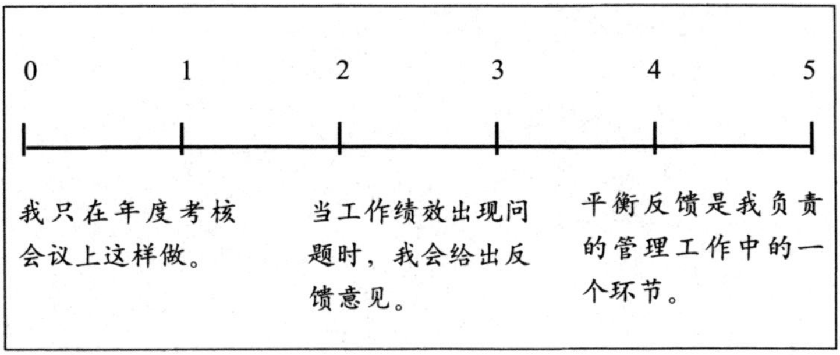

图 6–1　反馈表现自评

告诉某人“你做得很好”并不会像详细而具体的相关表扬那样产生相同的影响。制定一个“开场白语句”清单，借此可以使你在表扬员工时做到具体到位。这里有几个现成的开场白语句供你使用，接下来尝试着写一些自己的开场白语句。

1. “______使你真的发挥出了重要作用。”

2. “______使我印象深刻。接下来你会采取什么措施？”

3. “______使你引起了我的注意。你打算如何跟进？”

4. “你在______方面的工作确实很出色。”

5.“你预测的_____很准。”

6.“我最喜欢你的一个特点就是______。在我们团队里它正在影响着别人。”

7.“你可以因为_____而感到骄傲。”

8.“没有你的______，我们不可能取得现在的成绩。我真的很感激。”

9.“多有效的________方法啊。你觉得如何可以让它在别的地方也发挥作用？”

10.“你让我高兴是因为_____。”

如果有机会，就要在同事也参加的会议上表扬直接下属。这会使影响扩大很多倍，并且让每个人记忆深刻。有时，小组、团队或特别工作组也应该因为取得了不俗成就而受到表扬。应该选择适当的场合表扬下属。请记住这句老话：“公开表扬，私下批评。”

反馈技巧

对一些中层管理者来说，给予表扬与建设性的反馈是很自然的事情，他们喜欢人际关系的这一面。然而，许多人需要培养反馈习惯。这就是反馈技巧的用武之地。以下是出自我的专业经验中的两个真实事例，其中习惯是通过使用各种方法与技巧来支持所需行为而成功养成的。

有一种鱼叫作“反馈鱼”

约翰 40 多岁，是一名生产工程师。他努力工作，一路晋升，终于成为公司最大工厂的总经理。这家工厂雇用了 4000 多名员工。对他来说，一切都很顺利。

有一天，约翰决定让手下的经理和监管人员（约有 200 名）了解一下他们自己在履行责任方面表现得如何，而且有关反馈意见应该主要来自他们的直接下属。约翰也参加了这次评估活动。

评估进行得很顺利。得到的反馈意见推动开展了一系列有关如何改进相应工作的研讨会。但有一点让约翰感到吃惊。他自己的评分很高，按照满分为 5 分的评分标准，他平均得分为 4.2 分（只有反馈这一个方面分数较低）。他在检查所有数据时，不想谈论自己的反馈分数。几周后，我们通了电话。谈话内容如下：

乔夫顿：在我们挂断电话之前，弗瑞德博士，我想告诉你我是如何对待自己在评估中得到低分的。起初，我很难接受，因为我一向看重建设性的积极反馈，我也知道如何给予这样的反馈意见。我得出的结论是，随着这里一切工作的展开（扩大规模以及其他工作），我已经养成了一个坏习惯，只专注于每分钟每小时的事情，而忽略了对工厂文化至关重要的管理实践工作。

弗瑞德：约翰，听上去你对自己做出了正确的判断。接下来你打算怎么办？其实，改掉坏习惯的最好方法就是养成新习惯。

乔夫顿：我已经这样做了。我买了一条金鱼和一个碗，放在桌子上。我把那条鱼称为“反馈鱼”，这是我早上上班时看到的第一个实物。因为鱼游来游去，它总是提醒我，引起我的注意。这似乎是一个愚蠢的想法，但是对我有用。我用一种新方法改进了我以前的行为。这条鱼提醒着我。

五枚硬币

菲尔是一位非常擅长给出负面反馈意见的首席执行官。事实上，他很喜欢这样做。当然，他也希望各方面都能兼顾到。但是，如果没有一些帮助，很难养成新习惯。

弗瑞德：菲尔，我想让你尝试做一件刚开始看起来有点愚蠢的事情，但有可能会奏效。找五枚硬币，早上穿衣服的时候，把这五枚硬币都放在你的左前裤袋里。这些硬币会让你觉得有点尴尬，但是却能提醒你。在工作日里，每当你给出一次积极的反馈意见，就把一枚硬币放到右前裤袋。试试看，这是开始养成新习惯的简便方法。

大约一个月后，我打电话给菲尔询问有关情况。

弗瑞德：嗨，菲尔，你的积极反馈习惯培养得怎么样了？

菲尔：我很高兴你打电话来。我试过你这个有点奇怪的想法。第一个星期，所有的硬币一直都在我的左口袋里，一开始就放在那里了。然后慢慢地，我开始拿出了几枚硬币。过了两个星期，所有的硬币最后都放在了右面的口袋里。那些硬币我都用完了。

弗瑞德：太好了。你觉得你能坚持下去吗？

菲尔：这是绝对的，因为我看到了人们的反应和我对他们的反应做出的回应，这让我大开眼界。顺便说一下，这个办法甚至在我家里也很有效。再次谢谢你。

消极反馈和建设性反馈的差异

有时给出建设性反馈是适当的。有些人称之为负面反馈、纠正型反馈或建设性批评。它在我们的早期生活中主要体现在老师、父母和哥哥姐姐们那里。“住手！”“别这样！”“做这个！”所有这些反馈都建立在家长—子女式的关系上。随着时间推移，当我们收到负面反馈时，也学会了如何给出负面反馈。作为管理者，我们成了父母，而员工则成了孩子。运用成人—成人的平等方式，可使建设性反馈产生最佳效果。在提供建设性反馈时，要重点关注预期结果应该是什么，而不是怎么做。成人的最佳学习方式不是被告知该做什么或不该做什么，而是体验他们行为所产生的后果（详细内容参见第八章）。

工作核查清单

成功的管理者能够做到：

- □ 将反馈纳入到他们的管理型领导实践中。大多数管理者对于及时积极的反馈重视不够，运用不够。

- □ 使反馈具有平衡兼顾的特点。许多管理者往往只给出负面反馈，而不去表扬下属。积极和建设性反馈可以结合在一起。请记住，当你用一根手指指向别人时，就有三根手指正指向你自己。

- □ 想出提醒自己的办法。就像“反馈鱼”一样，要想方设法地随时提醒自己。人们希望，也需要了解对于自己本职工作的反馈意见。你可以利用自己的镜子、电话或计算机上的一个符号提醒自己，或者利用办公桌上的一个物件来提醒自己。

- □ 经常给出反馈意见。至少在直接下属完成指定的任务时，或者让管理者知道他可能无法完成具有 QQTR 四要素的指定任务时，都应给出个人效能反馈意见。
- □ 将讨论建立在成人对成人的平等关系基础上，而不是建立在家长对子女式的不平等基础上。
- □ 尽快给出反馈意见。

行动方案

列出一些可以采取的行动计划，以增加给予直接下属的积极反馈，并改进建设性反馈。例如以下做法：

- 确定每天早上可以看到的积极反馈提醒物件。
- 将这一方法运用到晚上和周末与家人在一起时的场合中。
- 要使积极反馈成为一种习惯，随时记录向直接下属给予积极反馈的进度。
- 在与员工讨论之前，策划好建设性反馈内容。

密切关注双方赞成方案的预期结果，允许员工提出修改程序的建议。

第7章

—— 途径5：绩效考核 ——

每当直接下属完成一项关键任务或者重新考虑任务分配问题时，都需要进行个人绩效考核。本章讨论的内容是对员工的个人绩效进行持续考核。中层管理者掌握此类重要情况是定期进行非正式考核的基础。至少每个直接下属都应进行年中和年度考核。

正式年度考核会议的作用是对全年的反馈情况与指导会议进行总结，是持续进行过程中的一部分，应该很少出现意外情况（一般情况下）。

如前处理上述各个主题环节那样，自评你目前开展年度考核的情况（图 7-1）。

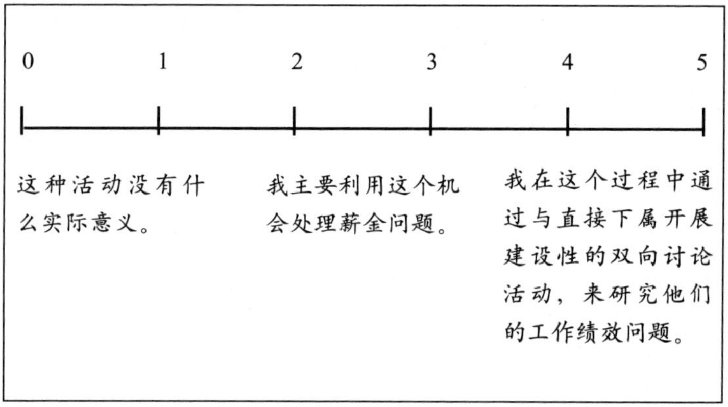

图 7–1　绩效考核工作自评

非正式考核与正式考核

你遇到过这样的事吗？

杰克：嘿，乔治，谢谢你今天来和我一起吃午饭。今天早上我参加了年度考核会议，用了两个半小时。很难熬。我知道就要考核了，所以有所准备。我把老板帮我完成的事情和我自己做得很好的一些事情都记在一起了。

乔治：哇，真不容易，杰克。他欣赏你的方法吗？

杰克：并不欣赏。他问我对自己的整体表现应该打多少分。我告诉他了，他却回答说分数打得太高。然后他花了一上午时间为他给出的评分辩护。我举出了一些具体事例说明我的自评分数是合理的。

乔治：结果如何？

杰克：我不知道。他说他需要更多的时间来考虑这件事。

对直接下属的考核不应该一年只进行一次，而应该在一年当中每次任务完成或修改任务后都要进行工作考核。其中大部分是口头讨论。有些管理者喜欢为每个直接下属预备一个专用文件夹（可称为绩效文件夹），利用这个文件夹将个人绩效的记录（好的和不好的）累积起来，并在年中非正式考核中加以引用。可制订半年行动计划，并坚持这样做。

到年底，会有足够的数据可用于总结此前的多次小型考核活动，进而完成年度整体考核。使用这种方法可使直接下属不会感到意外，因为此前已经讨论并记录了重大成就或事件。正如一句中国谚语所说的那样："好记性不如烂笔头。"

管理者收集掌握有关直接下属在工作中如何履行关键职责的各种事实，这是管理者对个人绩效进行定期评估与年度总结的基础，也是管理者对员工的整体绩效进行评判的基础。

工作核查清单

成功的管理者都能达到以下要求：

- ☐ 明白这不是一年一次的活动。这应该是一年中开展的小型考核的累积结果。

- ☐ 为每个直接下属保留一个绩效文件夹，其中包括全年与员工进行的所有笔记与评论内容，以及全年同员工展开的讨论内容。文件夹里既要记录积极问题，也要记录消极问题，这样就能够使文件夹成为年度考核的具体事实依据，有助于重点关注客观数据而不是个人意见。

- ☐ 在年度考核会议召开之前，使直接下属充分了解有关情况，鼓励他们为会议做准备。

- ☐ 让直接下属有充足的时间在开会过程中对自己的工作效能发表意见。积极倾听他们的看法，让他们知道自己所关心的问题得到了重视。

- ☐ 将薪金问题与绩效考核会议分开。会议应该重点关注员工个人的过去工作绩效以及在工作职责中的未来潜在发展问题。在这个时候讨论薪金问题会将重点移到钱的问题上，忽略绩效问题。

- ☐ 开展年中考核。这有助于直接下属及时关注需要改进的绩效问题，了解任何需要修改的工作任务环节。等待最后再开展一年一次的年度考核效率较低，不建议这样做。

- ☐ 计划好如何举行正式会议。重点放在两件事上：完成分配到的工作任务以及个人在工作职责中的具体发展。

□ 在一个中立的环境中举行正式会议，而不是在管理者和员工平时工作的地方举行会议。关闭所有电话，确保没有其他干扰因素。让员工有机会在交流事实、观点和感受方面感到平等。

请记住，有一些细微的不妥做法可能会分散正确评估的注意力，例如：

- 根据员工最近的行为来评判整体的效率倾向。
- 将所有员工统一断定为平均水平或接近平均水平。
- 只给予高于平均水平的评分，以避免发生冲突。

行动方案

列出一些可以采取的措施，以改进直接下属的非正式和正式绩效考核效果。下面有一些例子：

- 为每个直接下属创建一个绩效文件夹，并在一年中添加正面和负面的书面注释和评论内容。
- 进行年中评估，让每个员工了解你目前的判断，帮助制订本年剩余时间的工作计划。
- 给直接下属充足的时间准备正式的年度考核。
- 在讨论过程中，让个人有足够的时间表达自己的观点并积极倾听他们的发言。

第 8 章

—— 途径 6：提供工作指导 ——

开展熟练的指导活动是获得高效管理型领导力的重要途径之一。不要将其同培训、指导、提供咨询服务或教学混为一谈。这些活动各有各的作用，管理型指导的重点是：

- 帮助员工个人获得所需的任何工作技能。
- 确定开展有效工作需要改进的任何环节。
- 帮助员工理解自己的工作职责范围。

管理型指导是在管理者与直接下属之间开展的一种互动活动，为的是提高员工的工作绩效。当管理者扮演起指导教练的角色时，需要记住以下四点：

1. 管理者处在行使权力的位置上，可以影响工作格局的发展变化。

2. 需要处理的问题应该具体明确，而不应笼统宽泛。

3. 管理者在员工的个人绩效问题上要对团队负责。

4. 管理者应该确信员工珍惜自己的本职工作，要求提高工作水平。

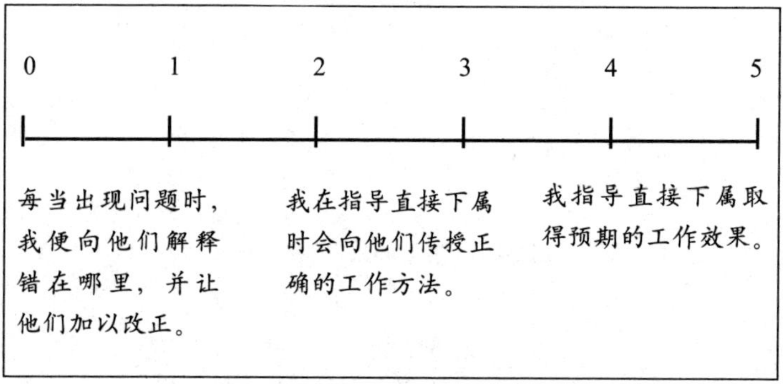

图 8–1　指导工作的自我评估

工作指导促进业务发展

中层管理者有责任成为积极主动的业务教练，帮助直接下属了解他们全部的工作职责，指导他们需要怎样做才能有效履行工作职责。管理者运用成人学习原则指导直接下属。成人的学习方式是独立体验自己的行为所产生的后果，而不是一切都让别人来加以解释。

海伦：早上好，乔治。我很期待你的汇报，我要在今天下午召开的高层管理会议上讨论你汇报的内容。

乔治：嗯，对不起，海伦，要到下个星期才能准备好，这是我无法控制的事情。

海伦：为什么？出了什么问题？这可不好。

乔治：嗯，本来一切都很顺利。各种数据都准时收到。后来我离开了一个星期，委托蒂姆把一切处理妥当。但是他得了流感，要到下个星期才回来上班。

海伦：我的领导会不高兴的。乔治，我们可以采取什么措施来防止这种事发生呢？

乔治：嗯，我有一个当时我认为是合理的想法，觉得蒂姆有足够的时间把一切都处理妥当。我从来没有想到他不能来上班。

海伦：乔治，我再问你一次。你接到的是一个重要的工作任务，它有一个具体的完成日期。究竟出了什么问题，让你没能及时完成？怎么了？

乔治：我做出了一个后来证明是错误的假设。

海伦：今后你能采取什么措施避免这种情况再次发生？

乔治：我以前从未遇到这样的事情。我吸取了一个重要教训：当你做出一个重要假设时，应该总是制订一个应急计划，即一个第二套方案。例如，我本可以安排雪莉在紧急情况下接手这个项目。这也会给她一个发展的机会，她会喜欢的。我可以向你保证这种事情今后不会再次发生。

海伦：乔治，你从这件事情当中吸取了教训，很好。但是，你还是犯了一个严重错误，没有及时讲清楚你和我应该采取什么措施来挽救它。这是一个公正的结论吧？

乔治：是的，我想是的。我当时不知道这有多重要。我虽然意识到可能会出现问题，我还是犯了一个错误，没有及时告诉你。这是我吸取的第二个教训。这种事情不会再发生了。

在这个案例中，管理者能够指导直接下属立刻改进自己的行为。注意，管理者并没有告诉员工应该采取什么措施，而是允许员工讲述哪里出了问题，并说明今后采取什么可以接受的措施。

在上述案例中问题很明显，直接下属受到激励，并表示下次会做得更好。很多时候，可以通过一个简单的过程来完成管理型的指导工作，即让员工分析哪里出了问题，计划今后怎样改进，就像上述案例体现的那样。但是，有时问题涉及的范围更大，需要花费更多的时间和精力才能得到解决。

管理型指导的五项措施

下面这套措施可以作为大多数管理型指导工作的行动指南：

措施 1：说明会面目的

同直接下属会面时，要明确讨论活动的目的；描述你所观察到的情况，利用具体事件与事实来支持你的做法；确定期望的结果，以及你希望看到的讨论结果。

措施 2：听取直接下属的意见

让员工有做出回应的机会。尽量在事实上取得一致意见。仔细倾听员工意见。当一个人从自己的角度解释完情况后，应该通过开放式提问在一个问题上达成相互理解。例如："你认为这里的问题是什么？"或者，"你认为我们应该期待什么样的结果？”

管理者与接受指导的员工应该就问题是什么以及如何解决问题达成共识。如果意见不一致，任何解决方案至多只是望洋兴叹。

措施 3：就问题达成共识

在确定解决方案之前，接受指导的员工必须理解并赞同措施 2 中提到的预期结果。然后可以运用协作方法探索可能采取的行动。告诉员工应该怎样做，这本身是很有诱惑力的。但是，在管理者提供解决方案之前，应该要求员工提出处理情况和实现预期绩效的建议。很多时候，员工是提供洞见和解决问题的最佳人选，尤其是在提出克服障碍、提高绩效的想法时。同样，充分利用开放式问题会使讨论朝着期望的方向发展，使每个人共享最终的行动计划。例如，“你如何解决这个问题？”或者，“我们可以采用什么方法实现我们的目标？”

随着讨论的继续，会呈现出许多可以选择的解决方案；一些方案由下属提出；另一些则由管理者提出。

措施 4：制定联合行动方案

现在应该制定出一套共同商定的行动方案。为了提高效率，直接下属需要参与制定行动方案的过程。让员工个人提出下一步的行动建议和时间表是有帮助的。对于管理者来说，询问员工如何帮助完成行动计划也是一个好主意。管理者此时应审查最终行动计划。

在假设问题已得到解决之前，管理者应要求接受指导的员工总结会议已经处理完的事情，特别是共同商定的详细行动方案（包括下一步采取的措施和时间表）。这样可以确保管理者和员工对将要发生的事情达成共识。对于共同商定的计划的任何理解差异都应该在此时予以解决。管理者与员工都应该做笔记。

措施 5：跟进检查

最后管理者确定一个或多个跟进日期，检查执行进度。在后续会议期间，应该以积极意见与建议的形式向直接下属提供支持性反馈。赞扬是强有力的前进动力。如果进展不够明显，管理者需要与员工一起查找原因，共同修订行动方案。

实践五项措施

下面举例说明五项管理型指导措施的具体实施过程：

蒂娜：早上好，托尼。请坐。我们需要出去查看几分钟。上星期一我在会计部和萨拉谈过话。她提到没有从我们那里得到她每周五需要的数据。所以当她收到数据的时候，她那里的员工必须提交一份修订的报告。你知道，作为负责薪酬与福利工作的经理，你今年的一项重要任务就是与会计人员会面，制定一个简化流程，及时提供他们需要的数据以及最新 SAP 财务系统（德国 SAP 公司推出的一个企业管理工具）需要的内容。这方面的工作进展如何？

托尼：我知道，蒂娜。这项工作的最后日期是本月底，不过到时候我无法完成。我本来想和你谈谈这件事。

蒂娜：托尼，这一年来我一直在监督你的主要工作职责，你似乎有不少工作没有落实到位。我说得对吗？

托尼：是的，没错，但是我希望在今后几个月里把进度赶上来。大多数日子里我每天都工作到很晚，可是好像做每一件事的时间都不够用。

蒂娜：托尼，你是一个非常努力、忠诚的员工，我很高兴你加入我们的团队。不过，我真的很希望看到你对自己的主要工作职责很用心。你认为问题出在哪里？

托尼：蒂娜，依我看，这是个时间问题。每天早上上班，我都会在白板上列出我需要执行的关键工作任务。这些工作任务年初就已经确定了。在仔细研究这些工作任务并计划完成这些任务方面我没有任何问题。不过你知道，我是我们这个部门在跨职能问题上的发言人。即使是我们部门职能范围内的问题，有一些也必须要我来参与研究讨论，帮助解决。通常这些问题都需要同另外一个人进行一对一的讨论。随着团队的发展，还要安排越来越多的这些重要讨论活动。我必须承认，因为我有解决问题的天赋和人际交往技巧，所以我非常喜欢做这种工作。有时，讨论超出了最初的主题范围，但是我喜欢帮助人解决问题。我只把这些会议安排在早上，这样下午我可以处理其他事情。每场会议大约需要一个小时，因此一天最多只能安排三场。有时我在吃午餐时也安排讨论活动。我现在积压了有两个多星期的工作量了。

除此之外，我还有一个正在做的项目，每周至少要花上 5 个小时。这是我在上一次团队会议上提出的持续改进项目，你把这个工作任务交给了我。这是一个重要项目，我很高兴能成为这个项目的负责人。当它进入实际应用阶段时，将为我们节省大量的时间和资源。我估计这个项目将在六个月内完成。在成功实施后，可将这个概念延伸运用到其他部门，帮助他们节省更多的时间和资源。

正是这两项正在开展的重要活动，干扰了我继续完成你交给我的其他工作任务。

蒂娜：托尼，你讲得很好。我以前当然没有这样看问题。正像你所说的那样，这似乎是个时间问题。我认为这可能也是一个优先项的问题。让我们研究一下你可以采取什么有效措施，不必每天都干到很晚。

托尼：我同意，我需要你帮忙确定优先处理的工作事项。我想从每天占用我一半时间的问题解决会议入手。一开始，我还能够适应讨论活动，但现在讨论的次数和持续时间都在增加。当然，我们可以培训其他人来分担这个工作，比如约翰。但是这需要更多的时间。所有能做这类工作的员工都已经有了满负荷的工作量。

蒂娜：托尼，你刚才说你真的很喜欢帮助其他人解决工作问题，因为他们与我们的职能部门有关系。你还说有时讨论重点会转移到其他需要关注的问题上。如果解决了这些问题，将有利于整个团队。对吗？

托尼：是的，没错。我期待着帮助别人，他们似乎很感激我。但是，我必须采取措施来解决这个问题，因为它肯定会干扰我的其他重要任务。

蒂娜：你怎样才能把花在这些讨论上的时间减少一半，只用90分钟而不是三个小时？也就是说每人30分钟，而不是60分钟。

托尼：嗯，我可以把这些会议安排在星期二和星期四，但是那会造成大量工作积压。我每天早上只能安排两场而不是三场会议，但是这同样会使工作不断地积压。我想知道我能否在30分钟，而不是60分钟内处理完会议的主要内容。这要求坚持工作目标，有条理地开展工作，只着眼当前的情况，而不是试图解决所有其他方面的问题。这也意味着要保持每天三场的会议安排，这样才能减少或者没有积压工作。

蒂娜：我喜欢你提出的提高有条不紊地办事程序的想法。你会发现这种方法对你有用，当然值得尝试。如果你能制定一个简洁的表格，也就是在会议前让员工完成的模板，遵循合理的决策顺序，那将会节省大量时间。它能够使员工在与你会面之前思考各种问题定义、障碍、目标和选择方案。填写表格也会让人了解如何解决问题，而不需要你来帮他们解决问题。对此你怎么看？

托尼：我喜欢，蒂娜。我马上开始办。我提到的另一件事是我正在主持的持续改进项目；每周至少要花费五个小时的时间。

蒂娜：目前进展怎么样，托尼？

托尼：比较缓慢，不过我们正在取得一些进展。保罗现在正在挑大梁。他帮了大忙。

蒂娜：托尼，重要的是你要集中精力去完成自己的关键任务。让保罗在今年剩下的时间里接管这个项目，你只需要不时地对他进行指导。你看怎么样?

托尼：嗯，我真的很喜欢管理这个项目，但现在让保罗负责还是有道理的。这会为我腾出宝贵的时间。由于这个原因，再加上我的跨职能解决问题的会议要做些调整，我完成自己的日常工作应该没有任何问题。谢谢你的帮助，蒂娜。

蒂娜：太好了！我们一个月后再见，看看情况如何。在我们双方都方便的时间里安排一次见面吧。

上例说明了随着时间推移，员工是如何使工作偏好影响其职责的，而且管理者需要在情况进一步恶化之前给予员工一些指导。此外，管理者也将持续改进对员工的项目委托工作，他们会在进行项目委托时，考虑到完成任务所需要的额外时间。对蒂娜和托尼来说，这次指导活动是成功的。

如本章开头所述，工作指导是管理者所需要的关键技能之一。帮助他人在当前工作岗位上得到发展需要投入时间和精力。（但这不应同培养担当未来工作的员工混为一谈，这项工作最好由管理者的直接领导来完成。）

业务指导关系是管理者与直接下属之间的协作关系。最好可以这样陈述：“我们怎样才能解决这个问题？”这项关系包括共同确定绩效问题，商定实现改进的目标，确定具体的行动计划和时间表。

工作核查清单

成功的管理者应该做到：

- □ 当他们认为直接下属准备好参与时，及时启动指导过程。
- □ 为会议选择一个不受干扰的地点。
- □ 只描述实际行为，而不对行为做出判断。这有助于避免使对方处于防备状态。
- □ 提一些开放式问题，不能让员工只回答“是”或“不是”。
- □ 仔细倾听对方陈述。不能同时又说又听。听、说的恰当占比分别是 70% 与 30%。

- □ 为了核实对方所言并取得相互理解，应该复述对方的话语。
- □ 关注绩效问题和解决方案，而不是关注员工个人。
- □ 请接受指导的员工在会议结束时总结讨论内容，包括今后采取的措施和时间表。
- □ 兼顾个人需求和团队需求，实现双赢。

行动方案

下面是一些有助于你改进管理指导工作的具体方法：

- 在（日期）之前，确定今后三个月内应该开展哪些指导活动。
- 在下一次开展管理指导前，回顾本章描述的五项措施，策划讨论内容。
- 在开展指导活动前，准备开场白，让员工放松，同时讲清楚开会目的。
- 培养提出并运用开放式问题的技能，也就是不能只给出“是”或“不是”答案的问题。
- 练习复述员工所讲的话语，以便在指导活动中能够挥洒自如。

第 9 章

—— 途径 7：持续改进工作 ——

与前面的途径一样，持续改进（continual improvement，CI）也被纳入管理者的工作职责当中。改进本部门的工作流程、系统和程序是一种持续性的管理型领导工作。与其他领导工作一样，这可以成为一种习惯，最终将进一步提高整个团队的绩效水平。

在一个团队中成功实施持续改进的措施离不开以下四个步骤（Lee，2007）：

1. 管理者对这个过程负责。

2. 不断进行有关分析。

3. 审议确定优先改进的项目，并将其分配为工作任务。

4. 提供专家支持。

工作流程、系统或程序的改进很少是事件的偶然或正常运行状况。它几乎总是一个人或多人有意识地努力进取，以便更有效地完成工作或产生更好的结果。而这个结果可能意味着减少所用的时间、人力，质量更高或数量增加，当然还有成本降低。

制订一个计划，将持续改进工作纳入到管理者正在从事的各种活动中，这可能不像其他六种途径那样看上去同领导职责有着明显的相关性。主要原因是，考虑到管理者分秒必争的忙碌日程安排和整体工作量，一般来说，改进工作没有具体的完成日期；也许会因为下雨而推迟。“不破不修”可能成为一种态度。然而，改进工作的最佳时间就是在各个环节仍然运作、没有失效的时候，防患于未然。

根据下图所示的尺度，评价自己在这种重要的管理型领导实践中的具体表现（图 9-1）：

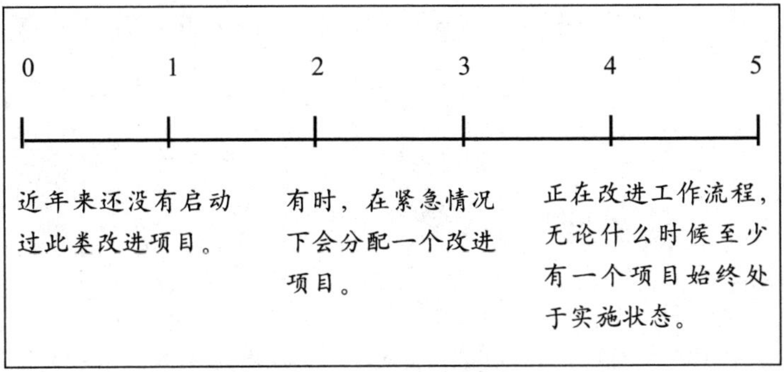

图 9–1　持续改进工作自评

改进工作的阶段与措施

持续改进工作流程是每个管理者的责任。管理者优先安排一些改进项目，也让自己的上级主管与直接下属一起了解这些改进项目，定期进行有关审查。在任何时候，至少要有一个改进项目作为工作任务分配给本单位的个人或特定团队。

建议改进工作分两个阶段，第一阶段是持续改进，第二阶段是具体改进。

第一阶段：持续改进

创建一个环境，让直接下属随时公开提出改进建议。这样可以顺其自然，随时去做。管理者要将这些建议列出一份清单，并添加自己提出的有关建议。

管理者应该避免对直接下属说："这是个好主意。向我提交一份有关报告，包括所有的细节，比如原因，实施方式，参与人员，具体时间，还有成本/收益分析。"如果这样对待员工建议，那么很少会有什么收获，反倒成为一种负担，而不是机会。它将被视为一种额外的工作，不利于今后广泛征求意见。

第二阶段：具体改进

在管理会议上利用全部或部分时间来确定可能实施的改进项目。管理者应该让直接下属参与确定、推进改进项目的过程中。他们会想出一些好主意，而且能够发挥协同作用。此外，他们现在的参与有助于顺利开展以后的实施阶段。

以下是有助于启动持续改进工作的七项措施：

1. 管理者保留一份建议改进项目的清单。

2. 管理者定期（通常每季度）同直接下属召开一次会议，审议这份清单，添加在会议期间出现的改进新项目，并删除一些已经无关的项目。这种会议可以是定期管理会议的一部分，也可以是单独为此召开的会议。

3. 在团队的帮助下对项目清单开展优先重点安排。这不是协商一致的活动；管理者做出最终决定，并与自己的主管一起审核项目清单，以获准同意实施。管理者自己的上级主管提供相应帮助，研究其他部门在同一项目上可能正在做着哪些事情，从而避免重复工作。

4. 管理者接着将最优先确定的项目作为工作任务，作为员工关键职责的一部分分配给直接下属，确保有足够的资源（如时间、资金和专家帮助等）可用。它不仅仅是在员工已经满负荷的工作中添加另外一个项目。将持续改进项目委托给员工，就会成为其工作任务的一部分，然而有时接受新任务的员工当前可能正在承担其他的工作，所以或许只能投入很少的精力，或者推迟实施，或者交由别人来承担。与所有任务分配的过程一样，在把项目委托给员工时应该遵循途径 1 中提出的分配方式，确定“何时完成什么任务”。

5. 如果工作项目就范围、时间和其他资源方面而言是个大型项目，管理者可以成立一个特别工作组来实施这一项目，这可能需要其他领域的员工参与进来。管理者可根据需要任命一个人担任该临时项目团队的负责人，定期向主管汇报工作进度。

6. 随着改进项目开始实施，新的改进项目也可以取代已有的项目。任何时候都应该有一个正在实施的改进项目。

7. 有时，一个改进项目会有另一个职能部门的合作参与。此时，管理者需要与其他部门主管开展协作，以取得有效的结果。在跨部门参与的改进项目中，明确目标以及每个人的责任是至关重要的。

持续改进工作的案例

持续改进不仅仅是管理实践，也是一种生活方式。伟大的小说家 W. 萨默塞特·毛姆曾经写道：“这是一件有趣的事情。如果你除了最好的以外拒绝接受一切，那么你就会得到最好的。”反之亦然。如果你接受生活的现状，你最终会变成普通人，生活只是“过得去”而已。

不断改进工作，可为你和你的团队指明在平凡世界中变得卓越的光明道路。

詹妮弗：谢谢你安排这次会议，瑞安。很高兴我们都有机会审查可能需要改进的工作项目清单。我想再增添一个项目。

瑞安：请说出来，詹妮弗，这就是此次开会的目的。

珍妮弗：嗯，这和我们的选拔过程有关，尤其是面试和评价环节。尽管最终决定权掌握在管理层，但是我们在人力资源部负责所有的管理工作，从制定岗位规范到联系猎头机构，再到安排面试求职者，等等。这是我们工作的一部分。我们已经做了很多年了。但是，安排求职者前来接受适当的管理者面试却从未奏效。紧急会议，预想不到的出差任务和其他类型的最后时刻变化，使整个过程不符合工作要求。上周来了一位求职者，只有一个主管可以和她面谈，而那位主管还是临时顶替本应参与面试的一位主管的。另外两位被安排面试求职者的主管却“来不了”，那位替补主管与求职者面谈了 30 分钟。她的评估表只填写了一部分。所以我们会通知那位求职者来参加二次面试，然而这些都需要额外的资金和资源。

瑞安：你说得对，詹妮弗。随着明年计划的扩张，情况会变得更糟。你认为我们能改进这个过程吗？

詹妮弗：我完全相信可以做到。我一直在和公司里的其他同事谈话，研究一些新方法，我们可以采取很多措施来改进我们的工作。

瑞安：嗯，詹妮弗，看来我们应该把这一点也列入清单，优先对待。你们其他人怎么想？在我们的工作流程中实施一些必要的改革需要多长时间，可能涉及哪些成本？弗兰克？

弗兰克：我和詹妮弗谈过这个问题。我相信一些优秀的求职者之所以拒绝了我们，是因为我们在面试中给人留下的印象很差。除了人们的时间之外，几乎没有什么成本。实际上，我们可以通过提高工作流程效率来节省资金，同时也更有效。詹妮弗和我都认为，大约需要两个月的时间来制定、推荐一个对我们的选择过程进行修订和改进的方法。

瑞安：看起来像是十拿九稳。如果我们得到批准，就需要在一些任务上下功夫，让这一切进展顺利。谢谢你的建议。还有其他要添加到清单中的内容吗？

工作核查清单

成功的管理者都具备以下工作能力：

- [ ] 知道改进不是自然发生的，而是有意识努力的结果。
- [ ] 使不断改进工作成为其领导职责的一部分。
- [ ] 确定不断改进工作的优先实施项目，定期对其进行审查。
- [ ] 创造一个欢迎考虑不断改进工作建议的环境。
- [ ] 同直接下属定期举行不断改进工作会议，鼓励他们提出新想法，参与关键项目的实施过程。

☐ 吸引本单位内外多名人员参与不断改进工作过程。可能需要成立一个特别工作组。

☐ 始终至少有一个不断改进的工作项目正在实施。

行动方案

写下一些你本人可以为开始或改进你在这方面的工作所做的努力或你本人可以采取的一些措施。下面且举几例：

- 在下次管理会议上，提出讨论议题，要求直接下属考虑一些有利于实施的项目。告诉他们之后的会议将留出时间，讨论并确定重点改进工作的关键项目。
- 为本次会议准备好你的项目清单。讨论每个问题并征求建议。使用活动挂图或白板修订并添加可以实施的新项目。
- 从每个人都热衷的一个关键项目开始。

后　记

通向成功的七种途径

在我的咨询工作经验中，有四个关键因素可将一般管理者同优秀管理者区别开来。它们是有效管理的基础，就包括在本书中阐述的七种途径当中。四个关键因素及其相关实践是：

1. 取得成果

途径 1：工作规划与任务分配。

途径 2：召开团队会议。

途径 3：明确工作方向。

2. 培养员工

途径 4：给予建设性反馈。

途径 5：绩效考核。

途径 6：提供工作指导。

3. 影响业务

途径 1：工作规划与任务分配。

途径 7：持续改进工作。

4. 个人成长与效能

八项工作核查清单与行动方案。

实践日历（附录 F）。

现在你已经熟悉了上述七种途径。作为管理者，你很有可能正在开展一些前面已经探讨过的活动，但是还没有达到本书描述过的上述途径的广度与详细程度。你在此刻阅读本书时，可以决定自己希望采取的下一步行动。这里有一些选择供你考虑。比如，你可以把这本书放在书架上，对自己说："好吧，我学到了一些东西，等有时间的时候，我会开始按着其中描述的一种或多种途径走下去。"我们都知道，这种方法很少奏效。时间永远不会恰逢其时。这一想法虽好，但心愿毕竟不是一种策略，希望本身也不是计划。如果你不认为自己处于"管理舒适区"，如果这七种途径合理，并且适合你想要实现的目标，那么就不要等待。以下两个选项必须确定实施一个：

1. 回顾一下七种途径中提到的在工作实践上对自己所做的评估，从最容易的地方开始。例如，你可以选择改进你正在实施的工作环节，重新安排下一次管理会议内容，或者检查所有直接下属的工作任务，并将其转换为包含 QQTR 因素的形式。从最有意义的地方开始。一定要开始行动。

2. 从你认为自己最有收获的地方开始，其中你的自我评估和理想之间的差距最大。这将会给你在时间和精力上的投入带来最高回报。

将掌握管理型领导力的七种途径贯彻实施，可使中层管理者摈弃不良习惯，养成新习惯。这是一种非常有效的改变行为的方法。思考并培养这些新习惯，最终会使你作为管理者拥有令人振奋的崭新未来。记住下面这几句中国谚语：

我们的思想会变成我们的言辞。

我们的言辞会成为我们的行动。

我们的行动会成为我们的习惯。

我们的习惯会成为我们的性格。

我们的性格会成为我们的命运。

正如管理大师彼得·德鲁克（Peter Drucker）曾经说

过的那样：“管理型领导者不是被培养出来的，而是成长起来的。”沿着上述七种途径走下去，对于一个管理者来说是成为一个杰出管理型领导者的绝佳途径。管理型领导力凭的是实现目标，而不是拥有某些特点；依靠的是行动，而不是职位权力。上述七种途径会在这方面引导你的思维和行动。衷心祝愿你成长为优秀的管理型领导者！

附录A　确立关键职责

作者：南希·R. 李　弗瑞德·麦肯兹

关键职责（Key Accountabilitities，KAS）是管理者为实现部门目标而向每个直接下属下达的最重要的任务。清楚地描述每个员工的关键职责是将公司战略与实时工作输出联系起来的关键步骤。关键职责指的是员工应该负责的行为。在适当分配的情况下，关键职责清楚地规定了个人在特定时间内预期完成的工作。

基本原则

分配关键职责并与每个直接下属对其进行讨论不是一年才开展一次的活动。这是一个持续的过程，通过这个过程可以衡量员工的本职工作效能。

关键职责包括有时间限制的具体任务以及本质上正在进行，但还没有具体结束的一般责任。它们一起构成了最重要的任务，但并非所有任务。它们是在所涉及的时间段内需要重点关注的工作业务。任务是管理者需要在未来特定时间内完成的工作输出。一般责任是正常需要，但本质上正在进行中的工作输出。

职位说明同主要职责之间有明显区别。顾名思义，职位说明涵盖了整个工作岗位中持续进行的活动。它们在就业过程、发展规划和确定工作水平方面很有用。关键职责由管理者确立，同具体时间有关，并适用于特定的直接下属。它们是绩效考核、薪酬考虑和指导过程的一部分。本附录详细描述了这两个术语之间的具体差异。

管理者决定分配给直接下属哪些任务。管理者的上级主管不应该绕过管理者而直接分配任务，因为直接下属是每个管理者完成团队工作的人力资源。

分配关键职责

主动思考必须在某个工作岗位上完成的最重要的工作，并与直接下属开展讨论，这对于管理而言至关重要。正是这个过程帮助所有员工了解他们应该做什么。这些讨论活动为员工提供了明确理解工作任务的基础。将这些讨论的结果记录到文档中，可进一步为管理者与直接下属确定在特定时间段内有可能出现的情况。

并非所有的任务都是关键任务，有些任务不需要列出。在为一个工作岗位的员工准备问责制文件时，通常会确定四到六个任务，这是短期内最重要的工作。为了充分明确一线工作岗位和一线监督职位中的具体要求，可能需要包括一些额外的关键职责。

关键任务应包括指定时间段内的主要任务。通常要覆盖工作总量的 70% 至 80%。关键职责的重点以及具体清单每年均有变化，具体情况取决于整个部门与公司的工作目标。

明确关键职责的内容，有助于直接下属决定每天应该把时间花在哪里。因此，根据关键职责对团队的重要性，管理者列出关键职责清单会有很大帮助。

确立关键职责

关键职责应由该员工的直接领导规划确定。然后，管理者同直接下属一起讨论这些工作任务的可行性，以达成一致意见，并进行任何必要的修订。接着，管理者与自己的上级主管一起审核这些关键职责。管理者与直接下属互动的本质要求是明确需要履行的关键职责的各项内容。

直接主管应该制定关键职责清单，并将具体任务分配给每个岗位上的员工。这是目前最好的处理方法。但是，有时也要求员工以草稿形式提出关键职责，然后交给管理者审核批准。考虑到每个人面临的时间压力，我们不建议这样做，管理者实施完下述重要举措后，也会收到不错的效果：先同员工讨论关键职责的内容，然后审核草案，根据同员工关键职责以及（最重要的是）管理者自身职责的匹配程度对职责清单进行修改，结合管理者一度删除的关键职责内容对清单进行审核评估，以便取得整体统一性。

最终确定的关键职责清单要能够反映出工作任务的挑战性、可衡量性与可行性，符合管理者的各项职责和团队目标。

让员工积极参与这一过程，对于激励员工爱岗敬业，明确理解岗位职责具有重要意义。对于自己不完全理解的工作环节，员工应该放心询问，不要有顾虑。

分配任务

管理者制订本单位工作计划，并决定将哪些任务分配给员工来完成。他们可以将任务完全委托给员工，也可以指派员工协助自己完成某项任务。

管理者确定并解释工作任务（通常称之为目标或项目），牢记任务完成时的预期工作输出是什么。例如，可能是写一份报告、完成研究项目、拜访客户、要完成的销售、要达到的评级、要降低的百分比，或者是要召开的会议。工作输出可以是有限的产品或提供的服务。工作输出，无论是产品还是服务，均可以看到、观察到。

编写任务分配方案时，语句应以表示结束的动词开头，而不是采用描述活动的动词。“实现”“完成”“执行”“识别”“获得”“销售”就是一些结束的动词。附录 C 包含一个表示结束意义的动词列表。例如，用于描述检查、调查、分析、支持、协助与监视等活动的动词不适合定义任务。但是，它们可以用于描述一般责任，这一点稍后加以讨论。

简单来说，任务分配包括三个部分：动词、尽可能带有度量单位的主题以及时间安排。附录 D 解释了具体格式并举例加说明。

工作任务的 QQTR 要素

关键任务应遵循 QQTR 形式。任务可以定义为在一定质量（Q）范围内生产一定数量（Q）的产品，在规定时间（T）内，利用有限的资源（R）完成指标。

管理者与直接下属可以共同讨论这些因素，商定一个管理者满意的结果，而且员工认为可以完成分配的任务。这是管理者与员工双向工作关系的重要组成部分。

数量（Q）

工作输出中通常涉及一个量，因此在任务分配中需要指定或理解这个量。它可以是数字、百分比或项目，例如报告、建议或计划。

以下是任务量的一些范例：

- *在20××年将航空旅行减少10%。*
- *在20××年将在线教育计划的利用率提高20%。*
- *在××××年7月1日前，开展×次“未来作战系统”安全演习。*

质量（Q）

确定工作量的管理者也要考虑质量。总是有各种质量标准需要满足。如果质量太低，工作结果就不能令人满意，还会使用过多的资源。需要根据特定的质量标准确定工作量，并且这些标准必须设置得足够清楚，让每个人都了解它们的具体内容。如果员工要生产一定数量的产品，就必须了解相关质量标准。

时间（T）

任务不仅是“做什么”，而且还涉及“何时完成”这一点，即必须在一个预定时间内完成任务。这一点应该在分配任务时加以说明。管理者确定完成任务的时间，以配合其他任务，实现本单位工作目标。

在分配任务时确定完成时间的一个原因是，员工可以根据既定的资源、任务量和规定的质量，同管理者一起研究在满足时间安排方面会遇到的任何问题。如果没有确定完成时间，则很难评估任务完成的情况。

完成任务所需的时间可长可短，例如，1 天、1 个月、6 个月、1 年、15 个月、18 个月或两年。通常情况下，管理者只关注每年必须做的事情，因为工作考核经常需要每年进行一次。效率更高的做法是：考虑最重要的任务何时需要完成，然后在完成时同员工一起讨论结果。可以对持续时间超过一年的任务分阶段进行讨论，这样做有助于管理者及时评估工作的进展情况。年度考核包括对任务各阶段以及完成任务情况的探讨结果，不会使人感到出乎意外。

资源（R）

需要根据现有资源的情况分配任务，例如，可以动用的资金量，可以花费的工时数，或者可以利用的设备、材料。通常不明确探讨可用资源的情况，但是管理者必须使员工了解这些资源是什么，因为资源直接影响其他三个参数（数量、质量和时间）。员工应该清楚哪些资源是可用的，如果有问题，应该与管理者就可用资源进行协商。

QQTR 的一个实例是需要撰写的报告。管理者要讲清楚有关情况，向员工说明需要撰写报告的原因，报告的主题，以及需要检索的文献概述，对近两年发表的至少 80% 的同一主题文献进行回顾描述。这样既提出了预期的数量和质量，也有助于考察员工完成任务的效率如何。

管理者明示，研究人员有三个月的时间完成报告（时间）。例如，管理者告诉员工，有 1500 美元的预算用于支付研究费用，并将提供一名实习生帮助编写参考书目（资源）。管理者希望员工能够在承担工作的同时撰写这份报告，按时完成报告，按时完成员工分配到手的所有任务。

对策与程序

尽管质量标准、对策与程序限制并非总是明确表述出来，但它们始终存在，但是管理者和直接下属却心知肚明，自动遵守。管理者的职责是让直接下属熟悉这些标准与要求，使他们在执行任务时严格遵守。这对于涉及安全或法律责任的对策而言至关重要。

确定重点与不断变化的环境

管理者为直接下属确定重点工作项目。尽可能按轻重缓急的顺序列出关键任务，这样做很有益处，可以增加相关文件的清晰度。直接下属无法完成规定的任务时，应及时向管理者汇报，以便做出调整。这种情况通常是由环境或主要条件的变化引起的。当这种情况发生时，直接下属要向管理者及时汇报，并尽可能提出有关修改建议。然后管理者做出决定并重新安排工作重点，经常调整当下工作或其他工作的 QQTR 要求。目标是按着 QQTR 要求完成所有任务，而不会使管理者感到意外。

如果需要速度

管理者与直接下属通常都很清楚完成任务所需的合理时间。如果管理者分配的任务需要在三个月内完成，那么这项任务便不同于直接下属接到的要求一个月内完成的任务。有些人对此难以理解，认为不能因为时间少了两个月就有何不同。但是这的确是一个不同的任务。直接下属必须因此做出不同决定，采取不同措施。管理者可能需要调整一些其他要素，例如质量或数量，并可能分配更多资源，或者修改直接下属的其他任务。

因为只有一个月的时间撰写报告，直接下属也许会决定减少研究时间，文献综述也只能草率得多。由于完成报告的时间有限，员工必须决定以完全不同的方式调整自己在其他任务中必须做的工作。

直接下属必须根据在报告上能够花费的时间量，考虑现在可以暂停哪些工作，不可以暂停哪些工作，同时还要按时完成所有任务。如果这些决定影响到其他关键任务，直接下属需要与管理者讨论这些问题。如果报告必须在一个相对不现实的时间段内完成，管理者就要对一些其他任务进行调整。

例如，现在必须快速完成报告的直接下属，可能要求管理者指派临时文书帮助，以协助撰写报告的某些方面内容，并要求将另一项任务的日期推迟几周。

重点是任务内容，而不是执行方式

在确定关键任务时，说明如何完成任务既不必要，也不可取。这是由直接下属自己决定的，也是其工作的一部分。只要直接下属的工作仍在团队规定的范围内，允许他们以自己的方式履行自己的职责就是对他们的授权鼓励，这本身也容易激发创造性，对员工有益。管理者在详细描述执行任务（微观管理）的具体方式时，可能会指出：

- 直接下属可能不具备承担这一岗位工作的水平。
- 需要指导直接下属，帮助他们在工作中成长。
- 管理者可能不知道如何去执行任务，或者不能果断分配任务（担心失败）。

过多涉及“方式”的例子：

通过与业务部门合作，讨论他们的问题，审查过去五年的统计数据，在 Excel 电子表格上创建图表，分析趋势，以确定有关可避免与不可避免的营业额情况的未来行动。同与业务部门一起审查完结果后，在 ×××× 年 10 月 31 日之前修订并提交一份报告及建议。

虽然管理者与直接下属可能希望讨论一些要使用的方法，但是也可以更简单地对任务进行说明：

到 ×××× 年 10 月 31 日，提交一份关于员工离职率现状的报告，并建议采取措施减少未来可避免的离职率。

一般责任

如前所述，持续的关键职责称为一般责任。一般责任更接近职位说明中通常描述的事情。它们没有完成的最后期限，但是偶尔会在其中插入特定的任务，包含相关的目标日期。

一般责任：

- 通常仅限于重要的四个或五个责任（关键责任）。
- 直接关系到本单位目标与团队战略。
- 涉及具体工作（非一般工作项目，如控制预算、组建团队、支持战略、培养直接下属或管理本单位工作）。

有时需要将某些一般性说明纳入每个直接下属的关键责任文档当中，以支持法律要求或强调特定问题，比如安全问题。

在撰写一般责任说明内容时，应该首先使用表示行动的动词，例如监视、监督、提供、参与、维护、协助或支持。以下是一般责任说明的一些范例：.

- 每当有人事变动时，修订公司团队结构图。
- 与有关________的职业安全与健康标准法规的变化保持同步。
- 任职于以下委员会：____________。
- 在发生变化时，每个季度都要更新对策和程序手册内容（安全问题除外），在获得批准后一周内将新手册分发下去。

总结

管理者与直接下属的关系是明确规定员工的关键责任的基础。阐明最重要的任务，包括关键任务和关键的一般责任，对于增强信任、实现团队的整体成功至关重要。

附录 B　员工文档比较

下表显示了职位说明（通常描述工作岗位）与关键职责文档之间的区别，后者具体规定了管理者与员工的岗位任务。

表 B–1　员工文档比较

文件要素	职位说明	关键职责文档
范围	工作岗位的所有方面	具体时间段的关键任务
来源	人力资源	具体时间段的管理者职责
战略	无关	支持并符合公司战略

续表

文件要素	职位说明	关键职责文档
说明内容	各种活动	质量，数量，时间，资源
更新程度	很少更新	经常更新，有时更新，一年更新两次
绩效	无关	考核基础
利用状况	被动	充满活力
动词	开放式	表示结束意义
时间	不间断	同具体时间有关，随工作变化

注：两个具有同样工作特点的员工，在同一时间段里可能拥有不同的关键职责文档内容。

附录 C　表示结束意义的动词举例

表 C-1　表示结束意义的动词举例

关键的结束动词	也可用	可用添加的结束动词
实现	评估	建议……
审核	批准	分析……
结束	分配	应用……
完成	出席	安排……
实施	授权	保证……
合并	分类	检查……
消除	构建	巩固……

续表

关键的结束动词	也可用	可用添加的结束动词
建立	创建	描述……
评估	交付	确定……
生成	设计	开发……
确定	分发	检查……
落实	执行	面试……
启动	发布	履行……
管理	开放	准备……
获取	提供	评审……
建议	选择	修订……
计划	总结	发送……
销售	测试	更新……
交付	培训	核实……

附录 D　任务分配举例

表 D-1　任务分配举例

表示结束意义的动词	计数与主题	完成日期
实施	新批准的 ×× 计划	×××× 年 7 月 31 日
提交	有关 ×× 的建议	×××× 年 8 月 31 日
减少	员工流动率 20%（同 20×× 年至 20×× 年平均率相比）	×××× 年 12 月 31 日
提高	20×× 年客户满意率 15%（同 20×× 年相比）	×××× 年 12 月 31 日

续表

表示结束意义的动词	计数与主题	完成日期
实施	两次“精益生产”过程评估	××××年7月31日提交第一次评估结果；××××年11月31日提交第二次评估结果
获得	P&S项目利润至少20万美元	××××年12月31日
开展	针对50%员工的CPI与LEAN（精益生产）业务培训	××××年11月15日
提供	×××用于全年管理预算的最新预算信息	

附录E　使发展战略发挥作用
——联系转化过程

联系转化过程是一种将团队的长期发展计划变成实际工作输出的方法。它涉及各级部门积极参与其中的一套合理系统对策。

实施这一过程有两个充分理由。第一个理由同团队有关，第二个理由同个人有关。从团队层面而言，这一过程能够确立循序渐进的应对方法，确使长期发展计划与目标变成预期结果。从个人层面而言，这一过程可使人们理解每个员工的工作如何对团队的整体目标做出了贡献，从而提高员工的工作积极性；因为工作输出由此成为一种个人成就，而不仅仅是日常开展的活动。

使员工个人的工作任务符合团队的发展目标，这是实现双赢的大好机会。团队的总体目标通过员工的总体工作而得以实现，可谓顺理成章。员工承担的工作越是符合团队发展战略，结果就越是不同凡响，化平淡为神奇。认可这一结论并不难，而具体实施过程则需要付出艰苦努力。

对于促进联系转化过程的客观性与技巧而言，至少在初始阶段外聘顾问还是有帮助的。有四项措施可为实现企业目标和员工分配之间的联系转化打下基础。下面列出的四项措施，有助于为员工承担的工作任务转化为团队目标奠定良好基础。

第一步：制订计划

正如生活本身一样，如果不首先确定任务、制订计划，就不可能在获得预期结果上取得显著进展。

制订战略计划是实施联系转化过程的第一步。通常首先由高级管理层确定团队的价值观、愿景、使命与总体战略，然后再加以解释沟通。

长期发展战略制定到位后，高级管理层开会决定将工作重点放在影响公司能否获得成功的四到六个关键因素上。这些因素被称为关键的成功因素（critical success factors，CSF）。它们是重要主题，不是行动方案。

这方面的典型范例包括业务增长、盈利能力、技术、人力资源、制造过程、收购与剥离、获得资本与产品开发等。

第二步：制定公司目标

每一个确定的关键成功因素均被分解为长期的公司目标，通常有三年或五年的实施时间。如果首次这样做，三年可能是最有效的期限。每个关键的成功因素通常包括大约四个目标，即数字、百分比、重要阶段、日期与其他指标。这些都是团队目标，目前还不包括个人职责。

这些长期公司目标的制定通常是在高级管理层会议上完成的。会议期间，高层管理者分成若干小组，以自己的专业知识在关键的成功框架内开展工作。

然后各个工作小组将研究结果拿出来与大家共同商议修改。在这项活动中，所有高级管理者亲自参与制定出 16~24 个公司目标。首席执行官在这一过程中扮演的角色至关重要，因为他要对最终结果负责。这里有一个公司目标的实例：在三年内完成两次收购，一次在美国，一次在欧洲。

第三步：制定短期目标

要根据上述公司目标，制定短期目标。通常短期目标的实施期限为 12~18 个月。平均而言，每个长期目标均包括三至五个短期目标，总共产生 50~100 个公司短期目标。

高级管理者决定应该由谁为每个长期公司目标确立短期目标。创建团队是为了解决每个长期目标。每个团队根据分配给他们的长期目标制定出具体的短期目标，并将草案交给规划主持者，以便根据关键的成功因素与长期目标最终制定出一系列短期目标。所有短期目标都要分配给负责完成目标的部门主管。短期目标清单分别发给所有的高级管理者过目，然后再开会进行讨论。

召开小组会议，讨论、确定以及必要时修改公司短期目标。参加本次会议的人员可以包括不属于高级管理层的工作组成员。重要的是，完成短期目标所用的时间不要超过高级管理层认可的时间限度。

最终结果形成一份重要的公司文件，体现出公司短期目标，体现出它们与长期的公司目标的关系以及发展战略中的关键成功因素。

下面列举的公司短期目标：

在18个月内确定四项潜在收购项目，两项在美国，两项在欧洲。

到此为止，高级管理层已经参与了制定与理解短期和长期目标的整个过程。这个过程现在已从战略（规划）阶段转移到战术（实施）阶段。

第四步：确立个人关键职责

这一过程的最后一步是将公司长期目标与短期目标同个人责任联系起来。首席执行官与自己的直接下属单独合作，以确定他们的主要职责。很多时候，公司的短期目标（有时是长期目标）成为首席执行官直接下属的主要工作责任，而首席执行官直接下属反过来又将其全部或部分任务委托给自己的直接下属。然后，当这些目标在整个团队中落实时，便被分解为由主管、经理等人承担的具体工作。

在开始实施上述措施时，需要开展一些教育活动，以便各级管理者正确制定关键职责（重要任务分配）。这将包括使用定制的关键职责文档，该文档为每个员工在特定时间段内的工作输出确定了具体的实施途径。

下面列举了关键问责制的事例：

在六个月内，成立一个收购工作组，让成员商定一个实施计划，并将该计划提交给首席执行官审批。

结论

联系转化过程的基础是在整个团队中落实的个人职责的清晰程度。管理者根据公司目标将任务分配给特定的直接下属。

这个过程有效性的关键在于管理者能够确定适当的职责，向自己的直接下属解释这些分配到手的任务，使他们了解需要做什么，然后允许他们自由制定完成这些任务所需的行动方案。直接下属的参与不是为了确定他们的责任，而是决定如何履行这些责任。

将长期战略同个人关键职责联系起来（图 E-1）可使广泛的战略规划转变为集中的运作计划，让所有员工在短期和长期内都能理解并感受到团队的整体发展方向和推动力。

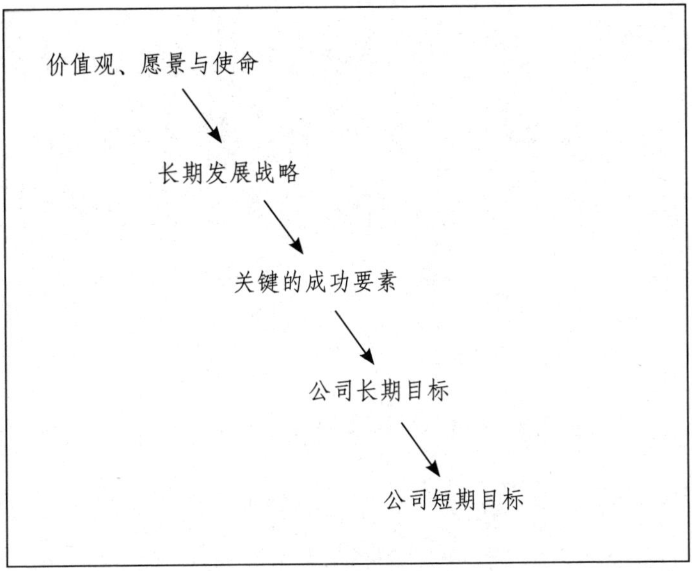

图 E–1　将战略与结果联系起来

附录F 运用实践日历

熟悉了掌握管理型领导的七种途径后，你还需要制订计划，行动起来，并保持良好势头。这就是管理型领导力实践日历的用武之地。

下一页举例说明一份已完成的实践日历内容。你会看到，这一计划最上端列出的是12个月份，左侧一面列出的是七种工作学习途径。各个大写字母允许按月根据具体任务安排工作。在本例中，管理者要做好以下事项：

- 在一年内安排三场指明工作方向的会议（连同三场团队管理会议）。
- 同每一位直接下属商定安排绩效评估会议（年中非正式会议、年末正式会议）。
- 安排多次面向不同员工的个别指导活动。
- 包括每月提醒自己向员工提供反馈意见。
- 安排由直接下属参加的会议，及时了解其关键任务的执行状况。
- 安排解决各种问题的管理会议。
- 定期召开会议，评估关键的持续改进项目。

凡是完成的任务可以用红线划掉，这样便于直观了解工作进展情况。

这份完成的日历可使管理者全面了解本年度的工作安排情况，清楚地看到在管理领导实践方面完成了哪些工作，还有哪些工作尚未完成。

途径	一月	二月	三月	四月	五月	六月	七月	八月	九月	十月	十一月	十二月
任务分配	T			T			T			T		
管理会议	M		M		M			M		M		
指明工作方向	X				X					X		
反馈	F	F	F	F	F	F	F	F	F	F	F	F
考核						A						A
指导	C						C			C		
持续改进			I			I			I		I	

T：表示任务分配状态　　M：表示管理会议

X：表示指明工作方向　　F：表示反馈提醒

A：表示绩效评估　　C：表示指导活动

I：表示持续改进工作

术语表

七种途径（7 paths）：

掌握高效管理型领导力的七种重要途径。

关键职责（Accountabilities key）：

包括分配给员工的最重要任务，赋予他们的一般责任，占个人工作输出的 80%。

考核（Appraisal）：

围绕管理者对直接下属工作能力给出的评价所做的定期讨论，每年团队一次考核对上述讨论结果进行总结。

权力（Authority）：

工作职位赋予一个人的支配各种资源的能力，比如经济资源、物质资源、技术资源、人力资源。

实践日历（Calendar of practices）：

为期 12 个月的规划图，指出在通过上述七种途径掌握管理型领导力的过程中所采取的各项行动。

表示结束意义的动词（Closure verbs）：

撰写任务计划时使用的表明完成状态的动词。

指导（Coaching）：

协助直接下属：（a）更加有效地处理本职工作；（b）全面了解职责范围，做到尽职尽责。

指明工作方向（Context setting）：

定期阐明员工履行工作职责的背景环境情况。

咨询服务（Counseling）：

针对影响工作输出的行为问题（比如酗酒、吸毒或其他健康问题），一般由外聘的专家提供这种服务。

勇气（Courage）：

管理者与直接下属能够就重要问题彼此（成人对成人）坦诚直言，不担心会造成消极结果。

决策（Decision）：

动用各种资源来做出选择。

委托授权（Delegation）：

将工作任务分派给直接下属。

直接下属（Direct report）：

直接向管理者（中间不经过任何人）汇报工作的员工。

反馈（Feedback）（积极的和建设性的，positive and constructive）：

员工出色完成工作时给予赞扬（具有积极性），而当工作结果不符合要求时向员工指出问题(具有建设性)。

反馈提示（Feedback reminders）：

养成习惯，通过各种象征物、方法与技巧，针对直接下属开展反馈活动。

过滤因素（Filter）（涉及人力，human forces）：

扭曲员工的工作行为，使之不符合理论期望的多种因素。

一般责任（General responsibilities）：

具有持续不断特点的那部分员工职责。

持续改进（continual Improvement，CI）：

属于管理者的职责分内之事，要求在自己的管控范围内寻求并执行改进措施。例如，这可以是一个过程，一个系统，一个步骤。

联系转化过程（Linkage process）：

通过一系列步骤，将个人的关键职责与工作输出同团队的长期发展战略与各项目标联系在一起的过程。

管理者（Manager）：

职责上既要对自己的工作负责，又要对直接下属工作负责的员工。

管理型领导力（Managerial leadership）：

将管理一个团队的能力同使员工各尽所能投入工作的能力结合在一起。

管理型领导力实践（Managerial leadership practices）：

本书中阐述的七种途径。

管理会议（Managerial meetings）：

同直接下属一起举行的双向交流会议，涉及各种问题。

管理规划（Managerial planning）：

管理者确定各种各样的任务。

规划指导（Mentoring）：

团队中职位较高者帮助员工制定当前工作职责以外的未来规划。

团队结构（Organizational structure）：

人们在一起工作时形成的职责与职责关系体系，这些职责关系确立了人们相互关系的界线。

工作输出（Output）：

在一定时间产生的产品与服务，完成指派的工作任务。

项目团队（Project team）：

为完成特定工作任务而汇聚在团队负责人手下的一群员工。

QQTR（分别是数量-quantity、质量-quality、完成时间-completion time、可用资源-available resources的缩写）：

在分配工作任务时，应该明确交代、了解的质量、数量、完成时间与可用资源等四个因素。

职责（Role）：

职位与工作的别称。

职责规定（Role specification）：

不同于传统的工作说明，这一文件明确规定了具体的关键工作职责，包括任务与一般责任，不仅仅是各项活动与任职资格。

自我评价（Self-assessments）：

管理者按这本书中阐述的各种管理型领导力实践标准，对自己的工作水平进行评价。

筒仓效应（Silo effect）：

指的是一个班组的工作与另一个班组的工作缺乏联系，交流沟通只限于上下级单位的现象，又称烟筒效应。

技能（Skill）：

（通过培训、实践与经验而掌握的）执行特定程序而不必思考有关步骤的能力，有时称为“无意识能力”（unconscious competence）。

任务分配（Task assignments）：

分配一项任务以产生特定输出结果，并用 QQTR 标准进行描述。

指导（Teaching）：

一般指的是将知识或技能传授给别人的活动。

培训（Training）：

通过掌握新技能或新知识，使员工工作输出的一个或更多方面得到改进的过程。

团队（Unit）：

同负责人一起为了共同目标而工作的员工群体，可以是一个科室，也可以是一个部门。

工作（Work）：

运用判断力谨慎做出决策，开展以目标为导向的活动。

工作规划（Work planning）：

管理者对必须要做的工作进行计划安排，涉及由谁来完成、何时完成以及如何充分发挥可用资源作用等各方面问题。

推荐阅读

前言

Jaques, E. 2006. *Requisite Organization : A Total System for Effective Managerial Organization and Managerial Leadership for the 21st Century*, rev. ed. Gloucester, MA: Cason Hall.

Lee, N.R. 2007. *The Practice of Managerial Leadership*. Xlibris.

第一章

Harter, J., and A. Adkins. 2015. *"Employees Want a Lot More From Their Managers."* GallupBusinessJournal, April8.www.gallup.com/businessjournal/182321/emplo-yees-lot-managers.aspx.

第九章

Lee, N.R. 2007. *The Practice of Managerial Leadership*. Xlibris.

管理型领导力实践

如果想了解更多关于管理型领导力的实践内容以及它们背后的理念，可以阅读下列书目：

Burns, G. 2012. *A Is for Accountability: A Guide to Accountability-Based Management*. Bloomington, IN: Trafford.

Capelle, R.G. 2013. *Optimizing Organizational Design: A Proven Approach to Enhance Financial Performance, Customer Satisfaction, and Employee Engagement*. San Francisco: Jossey-Bass.

Charan, R., S. Drotter, and J. Noel. 2010. *The Leadership Pipeline: How to Build the Leadership Powered Company*, 2nd ed. San Francisco: Jossey-Bass.

Clement, S.D., and C.R. Clement. 2013. *It's All About Work: Organizing Your Company to Get Work Done.*

Conaty, B., and R. Charan. 2010. *The Talent Masters: Why Smart Leaders Put People Before Numbers.* New York: Crown Business.

De Visch, J. 2010. *The Vertical Dimension: Blueprint to Align Business and Talent Development*. Mechelen, Belgium: Connect & Transform Press.

Dive, B. 2004. *The Healthy Organization: A Revolutionary Approach to People & Management*, 2nd ed. Sterling, VA: Kogan Page.

Jaques, E. 2002. *Social Power and the CEO: Leadership and Trust in a Sustainable Free Enterprise System*. Westport, CT: Quorum.

Kraines, G. 2011. *Accountability Leadership: How to Strengthen Productivity Through Sound Managerial Leadership*. Pompton Plains, NJ: Career Press.

Macdonald, I., C. Burke, and K. Stewart. 2012. *Systems Leadership: Creating Positive Organisations*. Burlington, VT: Gower.